U0017241

生命是長期而持續的累積

彭明輝談**困境**與**抉擇**

彭明輝

推薦語

彭明輝老師說：「『經營一個家』其實是需要學習的。」學業、志業、與職業何嘗不是如此？成績可以計算，財富可以計算，「愛」卻無法計算。在生命長期而持續的累積中，我們需要智慧。

——周好（高子壹）補教名師、國立臺灣大學社會研究所博士候選人

《生命是長期而持續的累積》、《欲望的美學》這兩本姊妹作，有如人生的燈塔，無論你年少輕狂，或遭遇中年危機，都能為你在茫茫人生大海中撥雲見日、指引捷徑！

——黃禎祥 國立清華大學分子與細胞生物研究所助理教授

眾聲喧囂，人世浮華，在變動快速的世界裡暈頭轉向、無來由心浮氣躁時，這本書可以撫慰你，讓你靜下心，相信自己的累積，不再焦慮。在我從事教職的歲月裡，我常閱讀這本書也推

介學生、同事，一同重新尋回了心的力量。

——蔡佳芬　臺北市立成功高中生命教育教師

光陰似「箭」，短暫的人生看似過得快速，但其中的變化卻是逐漸累積、慢慢形成的，從另一個角度看其實是光陰似「漸」啊！所以在我們的孩子在逐漸長大的過程中，如何幫助孩子反思生命的核心價值？如何幫助孩子擴大生命的視野與格局？做為一名高中學校的校長，我強烈的建議高中的老師與家長們來讀這一本書，做為引導孩子思考人生、探究未來方向的重要參考書。

——劉桂光　臺北市立復興高中校長

依法治而言，今日我們似乎可以自由選擇生活方式，但又清楚感到，外在社會定義了「成功」是一條狹窄的走道，而且緊盯著我們前行的進度。偏了、慢了，似乎會被視為錯了、廢了。這是現今人們焦慮與挫敗感的主要來源。謝謝彭明輝老師此書，溫和提醒我們，成功不是窄路，生命毋須爭趕。

——謝宇程　「真識」知識內容服務創辦人、「富足完整研討會」社群創辦人

十週年版自序

這本書在二〇一二年初出版，迅即成為「誠品選書」，博客來年度暢銷書排行榜第七十九名，以及金石堂「十大最具影響力好書」；緊接著又在次年入選為香港《信報》四十週年慶之「四十歲前必讀的四十本好書」。誠品在給《信報》的推薦上說：「文中的人生智慧猶如一盞明燈，點醒讀者面對生命抉擇的勇氣。」

這本書的文字樸素平實，反映的是我核心的人生信念：一切外在的際遇與得失都不足掛齒，生命中值得珍惜的一切都在別人看不見（也無從衡量）的內心裡——你的情感能力，你的智慧，你的人品、堅持與勇氣；它們都是外在的際遇所無法奪去的，也是巧取豪奪或汲汲營營所無法增益的。

書裡的故事都像是順手拈來的親身際遇，因為我不想跟讀者談一廂情願的妄想或不可能的高調。此外，讀過《欲望的美學：心靈世界的陷阱與門徑》的朋友們可能會發現：這本書裡的信念，其實是我四十多年來在哲學、文學與藝術領域裡艱苦探索生命消息的結果。我的信念之所以堅定，並非來自於幸運的外在際遇，或者一廂情願的信仰，而是我用四十多年的生命去踏踏實實地印證與累積的。

十年來，這本書銷售了近六萬冊。然而從二〇一三年開始，「悶經濟」成為臺灣的流行語；緊接著，「佛系青年」、「內卷」、「躺平」也相繼成為大陸的流行語。面對年輕世代「看不見未來」的那種焦慮與鬱悶，我仔細閱讀了許多歐美對未來產業、經濟與就業市場的前景分析，據以思索年輕世代該如何去面對這樣的社會與未來。

近年來最讓人焦慮的職場趨勢包括人工智慧、科技性失業以及收入的M型化。然而媒體的報導往往只重情緒的渲染，而對具體事實的交代則語焉不詳。緩解焦慮的辦法是先看清楚現實，然後謀思對策。為此，我增加了〈青貧世代的職場趨勢〉這一章。

大學生充斥職場，只靠一張畢業證書很難找到理想的工作，必須懂得迂迴前進，持續累積個人的職場特色。因此我新增了〈職場新鮮人的挫折與徬徨〉，並且大幅改寫了〈因應產業變遷的碩士教育〉。

當現實顯得緊迫逼人時，很容易陷入理想與現實的衝突、矛盾裡。這種矛盾對立的二元思考會誤導人陷入思考的僵局，而較難察覺出路。緣此，我增加了〈愛情與麵包——虛構的矛盾〉這一章，同時大幅改寫了〈大學教育的視野與格局〉。

網路上的各種評語裡，我最喜歡的是這一則：「彭老師的文字總讓人心裡寧靜。」我希望在這個疫情、經濟與國際關係都讓人心亂如麻的世局裡，幫助讀者找到自己生命的重心和寧靜的力量。

自序

很多人都曾經被一段文字感動過：「生命是一種長期而持續的累積過程，絕不會因為單一的事件而毀了一個人的一生，也不會因為單一的事件而救了一個人的一生。我們該得的，遲早會得到；我們不該得的，即使僥倖巧取也不可能長久保有。如果我們看得清這個事實。許多所謂『人生的重大抉擇』就可以淡然處之，根本毋須焦慮。而所謂『人生的困境』，也往往當下就變得無足掛齒。」

這是引自我寫過的一篇文章，它三十年來一再被人重複在網路上廣泛地轉貼、流傳。很多人轉貼時沒有篇名，有人用「生命是一種長期而持續的累積過程」當篇名，也有人把它命名為「若要讚美晴天請等到黃昏之後」，其實我原來給它的篇名是「困境與抉擇」。

如果你曾經喜歡過這一篇文章，那麼這一本書就是為你寫的。

我在清華大學教了二十年通識教育，修課的學生來自各種不同的科系。我在通識課裡常常用這一段話開始第一堂課：「我無法教你們如何多賺一億元，但是我可以教你們如何少賺一億元卻活得更快樂。」我講人生哲學，講俄國和法國的存在主義小說，透過小說引導學生去看見愛情、婚姻與人生較深刻的一面，也引導他們去思索愛情、婚姻與人生中的陷阱與抉擇。我也帶過許多社區媽媽讀書會，其中一個延續了十幾年，而參與的人慢慢包括一對又一對的夫妻。同樣的，我帶著他們走過婚姻的衝突與絕望，陪著他們去尋找人生中值得追求的各種心靈上的滿足。我帶著他們讀小說、看電影、看畫，希望有一天帶著他們到伊斯坦堡、希臘、義大利進行深度的文化之旅。

在這過程中，我被詢及各種有關學業、職業、志業、婚姻與人生的問題。這本書把其中較常被問及，也較值得深談的問題彙整成四大部。第一部「生命是長期而持續的累積」算是一個綜合的序論，扼要地將「困境與抉擇」的觀念伸展到愛情、財富、人的價值與人生的意義。後面三部分別探討「學業、志業與職業」、「愛情與婚姻（婚禮的祝福）」，以及「人生的智慧與陷阱」。

我把這本書當作是未來繼續寫作「普及版人生哲學與人文素養叢書」的第一冊。

表面上我是一個工學院的教授，但是卻又擔任過清華大學藝術中心主任和臺北市立美術館諮詢委員，也曾經在清大人類學研究所和交通大學社會與文化研究所開過課，擔任過社區大學全國促進會和生命教育學會的常任理事，參與過許多社會改革運動，出版過一本驚動農業行政與農業學術界的書：《糧食危機關鍵報告：臺灣觀察》。

常常有人問我：一個工學院的教授為何要跨這麼多領域去學習？我完全只是為了解決自己生命的困惑，從來不是為了向任何人炫耀或爭輸贏。

年輕的時候我輕易地相信了古典中國有關聖人的傳說，大學畢業後從自己的實踐裡對這些傳說感到難以置信，卻又無法確定過去代代相承的傳說到底是一廂情願的胡謅？還是信而可徵？先聖先賢俱已遠逝，如何確認什麼才是事實？

為了要回答這問題，我在出國前曾經花了將近十年時間研究科學、哲學和西方的藝術與文學。西方的文化史有一個特色：每一個時代都很清楚地質疑上一個時代的理想，清楚地釐清那些理想中有哪些根本是不可能的；每一個時代也都認真地提出他們認為可以在人間實現的新理想。這樣累積下來的學術傳統跨越一切科系的藩籬，以整個學術群的心智一起探究著屬於人類物質與精神上的事實與理想。透過這些事實，我希望為自己確認什麼是人類真正可以做到的精神理想，什麼是只能心嚮往之而無法在人間實現的喟嘆，而哪些又純屬無稽之談。

生命的困惑是個人文問題，但是人文之所以會瓦解是因為科學的壓迫。站在二十一世紀，要重振人文精神，同時抵敵科學的壓迫，非得要一個人同時跨越人文與理工不可——要自己去浸淫才有機會深刻地瞭解人文，要有能力洞穿科學才有辦法真正地知道它的極限。

國內有過許多「科學與人文」或其他跨領域的對話，我聽起來都雞同鴨講，或者游談無根。如果你熟知歐陸的學術傳統，就有機會從很多人的身上看到：科學和人文如何可以在一個人的身上融合，或者在學術社群裡深刻地對話！

希望未來我有機會把自己在這方面的體驗介紹給國人。

目次

第二部　學業、志業與職業

第三部　婚禮的祝福

第四部　人生的智慧與陷阱

第一部

生命是長期而持續的累積

生命是一種長期而持續的累積過程，絕不會因為單一的事件而毀了一個人的一生，也不會因為單一的事件而救了一個人的一生。我們該得的，遲早會得到；我們不該得的，即使僥倖巧取也不可能長久保有。如果我們看得清這個事實，許多所謂「人生的重大抉擇」就可以淡然處之，根本毋須焦慮。而所謂「人生的困境」，也往往當下就變得無足掛齒。

如果看得更深遠而透徹，人活著，為的是追求一輩子的幸福，而不僅僅只是起跑點或終點上的輸贏，甚至也不是過程中的輸贏。

贏了，得到一時的快樂；輸了，難免一時的痛苦。但是，在人生絕大多數的時間裡，我們的幸福卻跟輸贏無關。只要有了一家人的愛，很多人都可以過得幸福，而不需要太多的物質來維繫這難得的幸福。但是，一家人的愛不能只憑運氣或命定的良緣，它更需要當事人的用心經營，以及「愛人」的能力，才有辦法克服彼此成長過程中被潛移默化的文化與價值差異，透過彼此的努力傾聽，才會有真正的尊重與瞭解，以及在內心痛苦時給予最大的扶持。

「被愛」是幸福的，但是如果沒有「愛人」的能力，就很難長期維繫「被愛」的幸福。而能力要靠長期的累積，不能靠一時的運氣。

欣賞大自然的能力，或者閱讀文學、歷史與欣賞音樂、美術的能力都攸關著我們獨處時能否得到深刻的滿足，也決定了我們對人性與欲望的洞察能力，乃至於看透人生而知所取捨的智慧。沒有這些智慧，再多的名利都無法保證我們可以遠離煩惱與痛苦，而得到心靈的平靜與滿足。

這些能力的累積都無關乎一時的成敗，全憑我們一生長期而持續的累積。

Unit 1 困境與抉擇

許多人應該都還記得聯考或學測前夕的焦慮：稍微失常可能就要掉好幾個志願，甚至於一生的命運從此改觀！到了大四，這種患得患失的焦慮可能更強烈而複雜：到底要先當兵、就業，還是先考研究所？我就經常碰到學生充滿焦慮地問我這些問題。可是，這些焦慮實在是莫須有的！譬如，我陪兒子和女兒走過學測，他們的成績都沒有到「就算失常也穩考得上」的程度，但是我和他們都不曾在學測前夕真正焦慮過。

生命是一種長期而持續的累積過程，絕不會因為單一的事件而毀了一個人的一生，也不會因為單一的事件而救了一個人的一生。我們該得的，遲早會得到；我們不該得的，即使僥倖巧取也不可能長久保有。如果我們看得清這個事實，許多所謂「人生的重大抉擇」就可以淡然處之，根本毋須焦慮。而所謂「人生的困境」，也往往當下就變得無足掛齒。

以高中入學考為例：一向不被看好的甲不小心猜對十分，而進了建國中學；一向穩上建國的乙不小心丟了二十分，而到附中。放榜日一家人志得意滿，另一家人愁雲慘霧，好像甲、乙兩人命運從此篤定。可是，入學考試真的意味著什麼嗎？建國中學最後錄取的那一百人，真的有把握一定比附中前一百名前景好嗎？僥倖考上的人畢竟仍舊只是僥倖考上，一時失閃的人也不會因為單一的事件而前功盡棄。一個人在考試前所累積的實力，絕不會因放榜時的排名而有所增減。因為，生命是一種長期而持續累積的過程！所以，三年後乙順利地考上臺大，而甲卻跑到成大去。這時回首高中入學考放榜的時刻，甲有什麼好得意？而乙又有什麼好傷心？

同樣的，今天念清大電機系的人，當年入學考試分數都比今天念成大電機系的人高，可是誰有把握考研究所時一定比成大電機系的人考得好？仔細比較甲和乙的際遇，再重新想想這句話：「生命是一種長期而持續的累積過程，不會因一時的際遇而中止或增減。」入學考排名只不過是個表象。有何可喜、可憂、可懼？

一時的得失悲喜不必縈懷

我常和大學的同學談生涯規劃，問他們三十歲以後希望在社會上扮演什麼樣的角色。可是，到現在沒有人真的能回答我這個問題，他們能想到的只有下一步到底是當兵還是考研究所。聯考、學測制度已經把我們對生命的延續感徹底瓦解掉，剩下的只有片斷的「際遇」，更可悲的甚至只活在放榜的那個（光榮或悲哀的）時刻！

但是，容許我不厭其煩地再重複一次：生命的真相是一種長期而持續的累積過程，該得的遲早會得到，不該得的不可能長久保有。我們唯一該關切的是自己真實的累積過程（這是偶發的際遇所無法剝奪的），而不是一時順逆的際遇。如果我們能看清楚這個事實，生命的過程就真是「功不唐捐」，沒什麼好貪求，也沒什麼好焦慮的了！剩下來，我們所需要做的無非只是想清楚自己要從人生獲得什麼，然後安安穩穩，勤勤懇懇地去累積所需要的實力。

我自己就是一個活生生的例子。從一進大學就決定不再念研究所，所以，大學四年的時間多半在念人文科學的東西。畢業後工作兩年，才決定要念研究所。碩士畢業後，立下決心：從此不再為文憑而念書。誰知道世事難料，當了五年講師後，我又被時勢所迫，三十二歲才整裝出國念博士。出國時，一位大學同學笑我：全班最晚念博士的都要回國了，你現在才要出去？兩年後我從劍橋回來，眼裡看著別人欣羨敬佩的眼光，心裡卻只覺得人生際遇無常，莫此為甚：一個從大一就決定再也不鑽營學位的人，竟然連碩士和博士都拿到了！屬於我們該得的，哪樣曾經少過？而人生中該得與不該得的究竟有多少，我們又何曾知曉？從此我對際遇一事不能不更加淡然。

當講師期間，有些態度較極端的學生曾當面表現出他們的不屑；剛從劍橋回來時，卻被學生當做傳奇性的人物看待。這種表面上的大起大落，其實都只是好事者之言，完全看不到事實的真相。從表面上看來，兩年就拿到劍橋博士，這好像很了不起。但是，在這「兩年」之前我已花整整一年，將研究主題有關的論文全部看完，並找出研究方向；而之前更已花三年時間做控制方面的研究，並且在國際著名的學術期刊上發表過數篇論文。而從碩士畢業到拿博士，其間七年的時間我從未停止過研究與自修。所以，這個博士其實是累積了七年的成果（或者，只算我花在控制學門的時間，也至少有五年），根本也沒什麼好驚訝的。

常人不從長期而持續的累積過程來看待生命因積蓄而有的成果，老愛在表象上以斷裂而孤立的事件誇大議論，因此每每在平淡無奇的事件上強作悲喜。可是對我來講，當講師期間被學生瞧不起，以及劍橋剛回來時被同學誇大本事，都只是表象。事實是：我只在乎每天二十四小時點點滴滴的累積。拿碩士或博士只是特定時刻裡這些成果累積的外在展示而已，人生命中真實的累積從不曾因這些事件而中止或加添。

短期差異，不影響長期累積

常有學生滿懷憂慮地問我：「老師，我很想先當完兵，工作一、兩年再考研究所。這樣好嗎？」「很好！這樣子有機會先用實務來印證學理，你念研究所時會比別人更瞭解自己要的是什麼。」「可是，我怕當完兵又工作後，會失去鬥志，因此考不上研究所。」「那你就先考研究所好了。」「可是，假如我先念研究所，我怕自己又會像念大學時一樣茫然，因此念得不甘不願的。」「那你還是先去工作好了！」「可是……」我完全可以體會到他們的焦慮，可是卻無法壓抑住對於這種對話的感慨。其實，說穿了他所需要的就是兩年研究所加兩年工作，以便加深知識的深廣度和獲取實務經驗。

先工作或先升學，表面上大相逕庭，其實骨子裡的差別根本可以忽略。在「朝三暮四」這個成語故事裡，主人原本餵養猴子的橡實是「早上四顆下午三顆」，後來改為「朝三暮四」，猴子就不高興而堅持要改回到「朝四暮三」。先工作或先升學，其間差異就有如「朝四暮三」與「朝三暮四」，原不值得計較。但是，我們經常看不到這種生命過程中長遠而持續的累積，老愛將一時際遇中的小差別誇大到攸關生死的地步。

最諷刺的是：當我們面對兩個可能的方案，而焦慮得不知如何抉擇時，通常表示這兩個方案或者一樣好，或者一樣壞，因而實際上選擇哪個都一樣，唯一的差別只是先後之序而已。而且，愈是讓我們焦慮得厲害的，其實差別愈小，愈不值得焦慮。反而真正有明顯的好壞差別時，我們輕易的就知道該怎麼做了。可是我們卻經常看不到長遠的將來，短視地盯著兩案短期內的得失：想選甲案，就捨不得乙案的好處；想選乙案，又捨不得甲案的好處。如果看得夠遠，人生長則八、九十年，短則五、六十年，先做哪一件事又有什麼關係？甚至當完兵又工作後，再花一整年準備考研究所，又有什麼了不起？

當然，有些人還是會憂慮道：「我當完兵又工作後，會不會因為家累或記憶力衰退而比較難考上研究所？」我只能這樣回答：「一個人考不上研究所，只有兩種可能：或者他不夠聰明，或者他的確夠聰明。不夠聰明而考不上，那也沒什麼好抱怨的。假如你夠聰明，還考不上研究所，那只能說你的決心不夠強。假如你是決心不夠強，就表示你生命中還有其他的可能性，其重要程度並不下於碩士學位，而你捨不得丟下它。既然如此，考不上研究所也毋須感到遺憾。不是嗎？」人生的路那麼多，為什麼要老斤斤計較著一個可能性？

際遇不佳不會減損才華

我高中最要好的朋友，一生背運：高中考兩次，高一念兩次，大學又考兩次，甚至連機車駕照都考兩次。畢業後，他告訴自己：我沒有人脈，也沒有學歷，只能靠加倍的誠懇和努力。現在，他自己擁有一家公司，年收入數千萬。一個人在升學過程中不順利，而在事業上順利，這是常見的事。有才華的人，不會因為被名校拒絕而連帶失去他的才華，只不過要另外找適合他表現的場所而已。反過來，一個人在升學過程中太順利，也難免因而放不下身段去創業，而只能乖乖領薪水過活。福禍如何，誰能全面知曉？我們又有什麼好得意？又有什麼好憂慮？

人生的得與失，有時候怎麼說也不清楚，有時候卻再簡單也不過了：我們得到平日努力累積的成果，而失去我們所不曾努力累積的！所以重要的不是和別人比成就，而是努力去做自己想做的。功不唐捐，最後該得的不白少你一分，不該得的也不白多你一分。

好像是十幾年前的時候，我在往藝術中心的路上碰到一位高中同學。他在南加大當電機系的副教授，被清華電機聘回來開設短期課程。從高中時代他就很用功，以第一志願上臺大電機後，四年都拿書卷獎，相信他在專業的研究上也已卓然有成。回想高中入學時，我們兩人的智力測驗成績分居全學年第一、第二名。可是從高一起我就不曾放棄過自己喜歡的文學、音樂、書法、藝術和哲學，而他卻始終不曾分心去涉獵任何課外的知識，因此兩個人在學術上的差距只會愈來愈遠。

反過來說，這三十年來我在人文領域所獲得的滿足，恐怕已遠非他所能理解的了。我太太問過我，如果我肯全心專注於一個研究領域，是不是至少會趕上這位同學的成就？我不這樣想，兩個不同性情的人，注定要走兩條不同的路。不該得的東西，我們注定是得不到的，隨隨便便拿兩個人來比，只看到他所得到的，卻看不到他所失去的，這有什麼意義？

從高中時代開始，我就不曾仔細算計外在的得失，只安心地做自己想做的事：我不喜歡鬼混，願意花精神把自己份內的事做好；我不能放棄對人文科學的關懷，會持續一生去探討。事實單單純純地只是：我只在乎每天二十四小時生命中真實的累積，而不在乎別人能不能看到我的成果。有人問我，既然遲早要念博士，當年念完碩士就出國，今天不是可以更早升教授？我從不這樣想。老是斤斤計較著幾年拿博士、幾年升等，這實在很無聊，完全未脫學生時代「應屆考取」的稚氣心態！人生長得很，值得發展的東西又多，何必在乎那三、五年？反過來說，有些學生覺得我「多才多藝」，生活「多采多姿」，好像很值得羨慕。可是，為了兼顧理工和人文的研究，我平時要比別人多花一倍心力，這卻又是大部分學生看不到，也不想學的。

走出得失，就沒有困境

有次清華電臺訪問我：「老師，你如何面對你人生中的困境？」我當場愣在那裡，怎麼樣都想不出我這一生什麼時候有過困境！後來仔細回想，才發現：我不是沒有過困境，而是被常人當做「困境」的境遇，我都只當做一時的際遇，不曾在意過而已。

剛服完役時，長子已出生卻還找不到工作。我曾焦慮過，卻又覺得遲早會有工作，報酬也不至於低得離譜，就不曾太放在心上。念碩士期間，家計全靠太太的薪水，省吃儉用，但對我而言又算不上困境。一來，精神上我過得很充實，二來我知道這一切是為了讓自己有機會轉行去教書（做自己想做的事）。三十二歲才要出國，而大學同學正要回同一個系上任副教授，我很緊張（不知道劍橋的要求有多嚴），卻不曾為此喪氣。因為，我知道自己過去一直很努力，也有很滿意的心得和成果，只不過別人看不到而已。

我沒有過困境，因為我從不在乎外在的得失，也不武斷地和別人比高下，而只在乎自己內在真實的累積。我沒有過困境，因為我確實瞭解到：生命是一種長期而持續的累積過程，絕不會因為單一的事件而有劇烈的起伏。同時我也相信：屬於我們該得的，遲早會得到；屬於我們不該得的，即使一分也不可能長久持有。

假如你可以分享這些信念，那麼人生於你也將會是寬廣而長遠，沒有什麼了不得的「困境」，也沒有什麼好焦慮的了。

（寫於一九九五年，原載於清華大學動力機械工程學系系刊）

我沒有過困境，因為我從不在乎外在的得失，

也不武斷地和別人比高下，

而只在乎自己內在真實的累積。

Unit 2
不後悔的人生

托爾斯泰（Lev Nikolayevich Tolstoy，一八二八－一九一〇）晚年寫了一部很薄、也很感人的小說：《伊凡・伊列區之死》，探討一個問題：「人一生中真正值得去追求的究竟是些什麼？」

伊凡・伊列區是個高等法院的檢察長，他有一個人人羨慕的漂亮太太，交往的都是彼得堡的上流階級和貴族。他從小聰明伶俐，善於察言觀色，也善於應對逢迎。因為出身貧苦，所以從小就力爭上游，立志要出人頭地。他聰明又用功，很順利地拿到人人稱羨的大學文憑。進入法院以後，他比別人更用心辦案，也擅長交際，所以就比同事更快獲得各種升遷的機會。在人生最高峰的中年時，他和美麗的太太搬進了彼得堡寬敞的豪宅裡，開始用心布置這個家。就在掛窗簾的時候，他從高高的梯子上摔下來，從此臥病不起。

從小到大，他第一次有很多時間去看身周的人，以及他這一生真正擁有過的一切。他很用心地布置這個新家，極力想要擺脫中產階級的品味，但是從家具到窗簾，每一樣東西都雷同於他那個社會階級的偏好，沒有任何的不同。就像他的一生，雖然他一直都不甘心當平凡人，但是卻也從來不曾追求過任何和別人不一樣的東西。因為，他從來都不曾知道自己在追求的是什麼，也從來不曾認真問過自己到底要的是什麼！整個一生，他只是活在別人的期許和羨慕之中。所有他曾追求過的東西，都只是因為別人認為那些東西很體面，值得稱許或羨慕，而沒有一樣是他自己要的。就像他的婚姻，不是因為兩人相愛，而是因為大家都認為他們兩人條件相當，未來將是非常體面的一對。

臥病以後，他那愛慕虛榮的的太太和女兒從來不曾真正關心過他。其實，他也從來不曾關心過別人。醫生不在乎他的疼痛與憂慮，不把他當作一個有感覺、有思想的人，只是機械化地用專業角度在處理他的身體。這就像他在法院一貫的風格，他只想從專業角度把所有的案件冷漠而優雅地處理掉，冷漠到近乎無情與殘酷。即使發現當事人有冤屈或不得已的苦衷，他還是硬著鐵石心腸依法辦事，所以他可以比別人更有效率地判決各種複雜的案件。他生病後，沒有一個同事同情他，反而整天在打聽他的遺缺可以帶給哪些人升遷的機會，就如同他以往在類似場合下會有的一貫作風。把他和家人連結在一起的力量不是愛情與親情，而是虛榮心和一家人的面子；把他和同事連結在一起的，不是同事的情誼或關懷，而是社交的利益和人脈網絡的經營。沒有人是真心地活著，大家都只是活在別人的期許和羨慕裡！

當他看透了這一切，突然發現他從來不曾有過真心的喜悅和眼淚，不曾為自己的心願而生活、奮鬥，他的一生根本都是虛假的、空洞的、不值得的。他很想從頭來過，嘗試過一種更貼心、更真實的人生。但是，他已經是絕症的末期，沒有第二次的機會了！

錯過兒女的童年，不能再錯過自己的一生

人生最可怕的，莫過於在人生已經不可能再從頭開始的時刻裡，卻對自己有過的一生感到後悔、不值得！那麼，人要怎麼活這一生，才會覺得值得呢？我們曾否認真地想過？

我問學生：「你願意花多少時間去準備你的婚禮？」很多人都願意花整整一個月的時間去籌備。那麼，你是否曾經花一整天的時間去想想：「什麼是你這一生中最想擁有、最珍貴的東西？」不曾有過！太忙了！國中開始忙高中入學考，高中入學考後還有學測，大學畢業後還有研究所，研究所畢業後要想辦法進園區。進了園區更忙，忙第一桶金，忙第一棟豪宅，忙第一次的升遷，忙第一輛雙B轎車，忙得有家歸不得，有些人連想生小孩都找不到時間。

「那麼，你會不會是第二個伊凡．伊列區，到了臨死的時候才對一生感到後悔？」從來不曾想過！

一位全職媽媽很認真地問我：「我實在不懂，伊凡．伊列區有什麼好後悔的？他所做的一切都是從小父母、老師鼓勵我們做的，他為什麼要後悔？」

伊凡．伊列區一生最大的錯誤，就是沒有警覺到：掙取權勢、名利與地位的過程需要耗

費大量的時間和心力，而陪伴家人或者為自己累積人生智慧也需要耗費大量的時間和心力。因此，贏得權勢、名利與地位的過程，必然犧牲了我們跟家人相處的時間，也犧牲掉我們累積人生智慧的時間與心力。結果，一個人在權勢、名利與地位的追逐上愈成功，往往他給自己和家人的時間就愈少，在人生智慧的累積上也愈貧乏。一個外表亮麗而內在貧乏的人，注定只能吸引陌生人的羨慕，而無法贏得身周人的情感與善意。

伊凡・伊列區沒有能力愛他的家人，也沒有能力得到家人的愛，因為「愛」需要溝通，需要瞭解，需要付出時間與心力。「愛」不是商品，沒辦法用金錢換取。「愛」不是一時的情緒或衝動，而是一種需要長期用心培養的能力。沒有傾聽、瞭解、尊重、接納與照護，就稱不上愛。但是傾聽需要能力和時間，瞭解也需要能力、時間和心力。要聽懂一個人的委屈、不安或惶恐，甚至進一步協助他走出生命的困境與逆境，它需要的不只是很容易說出口的「愛」，更需要對人性的基本瞭解與「傾聽」的能力。

所謂「贏得全世界而失去了自己」，就是伊凡・伊列區的寫照，但它卻也正是整個臺灣社會盲目在追求的人生目標——在事業上取得極大的成功，全心全力只為別人看得見的財富、令名和掌聲而活，因而失去愛人的能力，以及自己全部的心靈成長空間。這是香港人所謂「以命搏錢」的臺灣版寫照：金錢成為目的，而生命卻淪為手段，最後被犧牲的是生命。

當你仔細看清楚這個真相的時候，會不會一身冷汗？

在科學園區股票最紅的時刻裡，一位不到四十歲的經理退休了，理由是要陪他兒子和女兒，補償他們沒有父親的童年。促成這個覺悟的，是他太太的一個簡單問題：「妹妹要上小學了，你覺得哥哥念的學校比較好？還是新設的那個學校比較好？」他嚇了一大跳！幾年前兒子才上小學，怎麼現在連女兒也已經要上小學了？自從進了公司，他為了「力爭上游」，披星戴月地努力工作，也屢獲主管賞識而加薪、分紅、升等。儘管其間歷經結婚與生子，他還是跟大學剛畢業時一樣，三餐都在公司，回家時子女都早已睡著了。卻從沒想過兒女的童年不會等他，就這樣錯過了兒女上學之前的全部童年。

他不願意再錯過跟孩子相處的所有機會，辭職後全心全意地陪著孩子上學、做功課、講故事，到野外觀察昆蟲、放風箏。白天孩子上學時他就抽空到清大旁聽各種通識課，想要知道怎樣過這一生才比較值得。在讀完《伊凡・伊列區之死》後，他非常憤慨地問我：「原來一百年前的人就知道這樣的人生不值得，為什麼學校所有老師都不曾告訴我們，還要我們去追求這樣的人生！」

再多的錢，再耀眼的頭銜，也換不來「愛」的能力。沒有愛，再貴的豪宅都還是不適合人居住，再傑出的男人都還是乏味的。

科學園區的資深工程師委屈地問太太：「我每年都為這個家賺了好幾百萬，自己則每天只花幾十塊吃公司的自助餐，不沾菸酒、沒有娛樂，也從不跟別的女人往來，甚至沒有空看她們一眼，為什麼妳還不快樂？妳到底還要什麼？」她想要跟他說心裡的寂寞、惶恐、憂慮和喜悅，她想跟他帶著孩子去郊遊，她不想要一個人人羨慕卻無趣的丈夫，不想在丈夫生前就淹沒在寡婦般的寂寞裡，更不想要在豪宅中度過寂寞而乏味的一生。

看清對現實的恐懼

大部分的人從懂事開始，就活在怕被別人比下去的恐懼當中，所以終其一生，只有在現實的壓迫下拚命地力爭上游，追求財富與權勢，作為武裝自己和踐踏別人的工具，卻從來沒有機會停下腳步好好想一想：這樣子做，真的會解決問題嗎？

這就好比一個怕鬼的人，總覺得鬼在自己的身後，你愈是想跑得快一點，愈會覺得背後有什麼東西在追你。真的要解決這種恐懼，唯一的辦法是停下腳步，勇敢地往後面看清楚。只有當你敢往後面去看清鬼的真相時，鬼才會消失掉。一味地在它的恐嚇下拚命往前跑，累死了也解決不了問題。

面對現實的壓力，道理也是一樣。只有當我們看透了現實能給我們什麼，以及不能給我們什麼之後，我們才有可能坦然面對現實。

今天，只要有固定的職業收入，絕大部分的人都足衣足食：房子也許小一點、偏遠一點，車子也許舊一點，但卻衣食住行樣樣不缺。甚至在這個號稱高失業率的年頭，許多人還是靠著自己或長輩的儲蓄在過日子，不肯屈就較辛苦、收入較少，或者社會地位較低的工作。既然大部分的人都已經有辦法過足衣足食的日子，而遠離了「沒錢萬萬不能」的處境，為什麼許多人都還是喜歡把「沒錢萬萬不能」這句話掛在嘴上呢？因為很少有人願意忍受這種簡樸的生活，誰都想出人頭地，哪有人甘居人後，當工友讓人指使？

在臺灣這個喜歡跟人比較的社會裡，與其說現實是一種不可或缺的物質需要，還不如說它是地位和成就的象徵，是一種自我肯定（或自欺欺人）的工具！

一個得道的高僧所需要的現實很少，因為他不需要跟別人比高下就能夠獲得一切的滿足；豪門貴婦需要的名牌裝飾很多，因為她一切的快樂與痛苦都來自於跟別人比較。換句話說，在今日的臺灣，「現實」的意思已經不再是足衣足食了，而是為了「成就感、被肯定、不受他人的輕蔑與羞辱」。

假如我們所以追求現實，為的是自我的肯定和別人真心的尊重與接納，這一定要用名利權位才能達成嗎？還是說我們可以有更簡潔、更有效的方式來肯定自我，並且獲得別人更真心的尊重與接納？

讓我們來做一個實驗：就你認識的熟人中，選出五個你認為最值得尊敬的人，和五個你最討厭的人，把他們的名字寫在紙上。然後仔細分析看看，你認為最值得尊敬的人當中，有幾個剛好是學歷最高、或者最富有、或者最有權勢的？除此之外，也仔細查查看，最讓你厭惡的人中，有幾個剛好是學歷最高，或者最富有、最有權勢的？很多人都會發現：在名、利、權、位的追逐上愈成功的人，往往也是最討人嫌，甚至心裡最瞧不起的人！那麼，這個社會為什麼還鼓勵我們去追逐名利與權位？因為這些東西對陌生人很有效！

譬如，妳到戶政事務所去辦文件，承辦人對前面幾位都大小聲，亂發脾氣。輪到妳的時候，他看到妳光鮮亮麗的衣著和妳先生的教授頭銜，態度突然柔和謙卑起來，這時候會讓妳覺得衣飾和頭銜很好用。但是，這些表面上的榮耀與光彩，只對陌生人有用。對於那些和我們朝夕相處的人而言，名利與權位很難影響到他們對我們的尊重與善意。譬如說，你最要好的朋友或許會在你獲得博士學位時為你高興一下下，但是沒多久你和他的關係又回復到以往的狀態。反過來說，假如有人因為你新獲得的名利與權位而急著和你結交，這種虛情假意的朋友你也不敢要！乍看之下，現實中的名利可以帶來陌生人羨慕的眼光，也可以用來安慰自己、肯定自己。但是一旦深思，就會發現這一切不過是自欺欺人的空洞把戲而已。

人人可及的幸福

絕大部分的人都和伊凡・伊列區一樣，花費一生的精力去追求表面上的榮耀。雖然這會換來許多陌生人的羨慕與激賞，卻換不來身邊人真心的善意與對待。一輩子只為了一群不相干的路人而活著，值得嗎？很多全球著名的藝人都有酗酒、吸毒的麻煩，就因為舞臺上的風光掩飾不住私生活中的空洞與虛幻。

很多人以為有了名利就不怕被人看不起，其實是天大的誤會。在臺灣這個好比較的社會裡，再有錢還是會被更有錢的人看不起，甚至被更沒錢的人看不起。郭台銘成為臺灣首富之後，有多少高科技產業的創辦人心裡不服，甚至在公開場合以曲折的暗示質疑他的學歷和能力？馬英九當上總統後，藍營的學者和政治人物有多少人認為他無能，有多少名嘴公開消遣他的決策和作為？很少人看清楚：不管你的社會地位多高或多低，身邊往來的都還是跟你同樣社會階層的人。住一樣的房子，開同等級的車，上一樣的館子，去類似的地方度假，彼此間沒什麼好誇耀的。假如力爭上游的過程惹人爭議，還會招惹來鄙夷與蔑視。

其實，只有善意可以換來善意，只有真誠地待人可以換來別人真心的敬重。假如你希望認識的人對你有善意，最重要的是你要有能力對別人懷著善意。終生在印度救濟貧民的德蕾莎修女，她在全球所獲得的肯定、尊敬與善意，遠遠超過比爾．蓋茲和英國女王。對富人、權貴不以為然的大有人在，但是有多少人會瞧不起德蕾莎修女？

要做到一生當中所遭遇到的陌生人都接納你、肯定你、對你懷著善意，這幾乎不可能，其實也沒必要。但是，如果要做到「你常接觸到的人大多數都接納你、肯定你、對你懷著善意」，這並不會很難，而且它和你所擁有的權勢、名利、地位幾乎毫不相干。其實你要做的，只不過是對別人時時懷著善意而已。

假如你是一個對生命的真諦有深刻體認的人，而且對別人懷著善意，那麼所有認識你的人都會尊敬你、接納你，並且對你懷著善意。當然，大部分的陌生人還是看不到你對生命的體認，因而只能從外表的判斷對你漠視、輕蔑，甚至羞辱你。但是，假如你真的對生命的真諦有足夠的體認，還會在意別人只憑外表所做出的輕率判斷嗎？

所以，我們如果需要外在的現實武裝來保護自己，真正的原因只有一個：想用它來遮掩我們內在的貧乏（包括智性的與情感的）。但是，一個內在貧乏的人，不管他在外表上有多麼足以誇耀的權勢、名利與地位，他會知道自己的貧乏，他的親人也會知道，甚至他身周的朋友也都會知道。我們可以愚弄馬路上的陌生人，卻愚弄不了自己，以及身周朝夕相處的人。

因此，與其要靠權勢、名利與地位去換得身周熟人的肯定與尊敬，還不如努力去累積自己的人生智慧和對人的善意。

比財富更值得留給後代的家產

錢只不過是工具，而不是人生的目的；經濟的發展是為了讓人可以免於現實的困擾，而對人生有更好的選擇。但是，理想就是比現實更好的可能性，因此沒有理想就不可能有幸福，而頂多只有物欲和虛榮心的滿足。我們可不可以犧牲一點現實的成就，以便增加一點點家的溫暖，也給自己的心靈一點呼吸和成長的空間，讓自己更多一點點幸福？

在戰爭中度過青少年的那一代，物資嚴重匱乏，不得不為一家溫飽而費盡心力，沒有太多選擇的餘地。但是，在今天這個日益富裕的社會裡，我們其實可以有比上一代更多的選擇。事實上，一九八〇年代的許多年輕人也真的勇敢地從熱門科系轉入冷門，投身於自己所熱愛的藝文創作、環境與生態保育、教育改革、公益組織，以及各種社會改革運動。他們的收入不多，很多人後來也不得不轉到商業部門去找一個可以養家活口的職業。但是，他們的青春不曾留白，大部分人從來不曾後悔自己走過的路。

可惜的是，有更多的人一輩子都活在怕被別人比下去的恐懼當中，以及想要靠財富與權勢武裝自己、炫耀自己，而從來沒有機會停下腳步好好地想一想：這樣的一生，真的值得嗎？

臺灣教育最大的失敗就是只教我們盲從，從來不教我們為自己的人生做選擇，更不曾引領我們去看到現實之外的其他選擇。因此，理想好像只屬於極少數人，而跟絕大多數人的距離遙遠得有如另一個星球。

我問一個急著要在三十歲以前賺到第一桶金的男生：「你怕不怕成為第二個伊凡・伊列區，臨死的時候才對一生後悔？」「不會吧！我早就看清楚自己要的是什麼了。」「那你以前的理想呢？」「那是小時候的想法，現在早就知道不可能了。」

真的不可能嗎？當臺灣社會已經這麼富裕的時候，仍舊沒有任何理想是可能的？還是說，只有極少數稟賦優異的人才有資格談理想？假如臺灣社會完全想不出有人人可及的幸福，那就是哲學界與宗教界的怠惰；假如臺灣社會存在著人人都可及的幸福，但是大多數人卻都不知道它們的存在，那就是社會教育、家庭教育與正規教育的失敗。

與其把三代都花不完的錢交給下一代，不如努力尋找自己在臺灣真正可及的理想，也在名利之外為子女找出他們真正可及的幸福。畢竟，錢是工具，而不是人生的目的。

Unit 3 活著，為了什麼？

人活著，為的是什麼？很多人以為人活著就是為了追求快樂、逃避痛苦。但是，人活著確實僅僅只為了追求快樂和逃避痛苦嗎？假如人活著只需要永遠的快樂和沒有痛苦，為什麼大家不願意永遠停留在天真無知的童年？智能不足的小孩通常遠比一般人快樂而無煩惱，為什麼我們不會喜歡自己或子女變成那樣？

假如人活著只為了快樂，我們又如何去理解林義傑的極地挑戰？林義傑為什麼要忍受極地挑戰的痛苦？他為何要追求過程中常人難以忍受的痛苦？因為它「有意義」！

人活著不僅只是為了快樂，還更希望能讓自己的人生有意義。我們期待著「有意義」的人生，因而不願意停留在天真無知的童年。為了有意義的人生和我們認定有意義的事，我們願意忍受許多的痛苦，犧牲各種眼前可及的歡樂。反之，當一個人找不到人生的意義時，他即使面對著眼前可及的各種歡樂，都還是會覺得乏味、無趣。一個失去人生意義的人，同時也失去生命的滋味。

因此，人活著首要的是為了追求人生的意義。如果我們正在做非常有意義的事，就很難撒手去追求可有可無的娛樂。快樂只有兩個用途：給那些忙著追求人生意義的人偶爾休息，以便在休息後繼續追求意義；或者給那些找不到意義的人殺時間，捱過乏味的人生。

富家女的悲哀

財富可以有許多積極而有意義的用途，但是沒有智慧的人卻往往用財富害了自己的子女。

三十年前我剛回國的時候看到一個電視節目，一個社會新聞記者在跟拍一個富家女一天的生活。她到中午才起床，吃過早午餐就自己開車去逛街。一天下來刷掉數十萬元信用卡，買的東西裝滿了後車廂、後座和前座，皮包、珠寶、內衣、洋裝、外套，什麼都有。那時候VISA卡剛在臺灣發行，信用卡就是權貴的代名詞。記者問她，妳這些東西都是買給自己的嗎？「不是，都是送朋友的。」「妳是不是要開party？」「沒有啊！」「那怎麼會買這麼多東西要送人？要送給很多人吧？」「不知道。反正有誰喜歡就送她。」

乍看很闊氣，很讓人羨慕，我卻很納悶。誰會買東西要送人，卻不知道要送給誰？難道有錢人的行為模式真的無法用常理推測？

記者又問她：「妳把東西載回家以後，要去哪裡？」那時候已經晚上七、八點了。「找個朋友一起吃飯，然後去Disco舞廳。」「跟朋友約好了嗎？」「還沒，約到人就一起吃，不然就自己吃。」「跟朋友約好去舞廳了嗎？」「不用約啊，到那裡就會有人啦。」

原來，這是一個寂寞的女人。逛街購物是因為無事可做，吃飯、跳舞也是因為無事可做。這樣的人生幸福嗎？一個美國名校畢業的富家女，卻因為不用上班而形同廢人，我只覺得可悲。

很多人會埋怨工作壓力大，不想上班，羨慕不用上班的富二代。但是，不用上班不見得是福氣，福氣的是可以找到自己喜歡的工作。很多人上班是為了薪水，但是職業給我們的不僅僅只是薪水而已，它也是我們重要的人際網絡。此外，上班雖然要做許多無聊、痛苦的事，但是解決問題的過程也讓自己有成就感，靠自己的勞力養活一家人則讓生活有了最起碼的意義；假如偶爾在工作上幫人解除了煩惱或痛苦，那就更加有意義。一旦失去了工作，往往就會失去人際網絡，也找不到值得做的事，不知道要如何去肯定自己活著的價值和意義。很多人退休後發現自己的生活圈變窄了，生活變得空洞了，只好再去找一份工作，或者去當義工，填充不知道要如何度過的晚年。

對比下，富二代的生活表面上看起來很輕鬆、優裕，實際上往往是很空洞、無聊。很多有錢人卻不懂這道理，用錢剝奪了子女的奮鬥目標與生活重心，也剝奪了子女的人際網絡，讓他們不知為何而活。

在光復以前和光復初期的那些年代，養活自己和一家人是很艱難的事，大部分的人因而必須為此花費一輩子絕大部分的時間，這也構成了他們人生最核心的意義。小時候我家隔壁鄰居是個麵攤老闆，夫妻倆通常天還沒亮就去菜市場買食材，整個早上熬高湯、包餛飩、做小菜、備滷味，中午就去廟前擺攤擺到半夜；三個孩子一放學就到攤位上幫忙，邊洗碗、端麵，邊找空檔在昏暗的燈光下寫作業。這樣的一家子卻比有錢人還幸福：孩子從一早張開眼就看見爸媽為了養活他們而辛苦，父母毋須言詞，愛就在如雨而下的汗水裡；小孩也很貼心，為了讓父母在人前抬起頭而努力讀書，也為了讓父母盡早免於辛勞而積極奮鬥。窮苦的人也可以有愛的溫馨，這是財富買不到的人生的幸福。

等到這個社會富裕了，父親忙著賺錢，母親在孩子上學後只能無聊地穿金戴銀去應酬，孩子的吃穿全部來自僕人或外購，完全感受不到父母的用心。在富裕的社會裡，家庭的一切功能都被唯利是圖的市場取代了，親情卻因為無法用錢買而落空了，而嫁入豪門的女性更感受不到母親這個角色在過去曾有的意義。財富給了人們多餘的時間，免除了家務和勞務的辛勤，卻無形中消除了傳統的親情和人生的意義。在這富裕社會裡，除非我們有能力找到新型態的親情和人生意義，否則寧可不要讓多餘的財富剝奪掉世代傳承的親情和人生意義！

活著，為了愛

很多人會說「愛讓人生有了意義」，但是戀愛的甜蜜只能讓人陶醉一時，無法給我們度過一生所需要的全部意義。童話故事裡王子救了公主，就「從此過著幸福快樂的生活」。但是，在真實世界裡，假如讓一對情侶漂流到一座美麗的熱帶孤島上，終日除了彼此取悅之外無事可做，這樣的蜜月他們到底能過多久？

愛情也渴望著產出積極的意義，而不能止於毫無創造性地滿足於甜蜜和陶醉。意義並非來自於享受，而是來自於改善世界的行動；就像吸大麻無法滿足人生的意義，只有透過我們的辛勤與勞力，讓自己、家人和這個世界因為我們的存在而變得更美好，人生才會顯得有意義。我們希望為愛付出，我們樂意為愛受苦，我們希望透過自己的努力讓自己、親人和這個世界變得更好、更少痛苦。

美國當代哲學家諾齊克（Robert Nozick，一九三八—二〇〇二）用了一個很有名的思想實驗突顯這個議題。他要我們想像一個情境：有一位腦神經專家發明了一部機器，只要我們把插滿電極的頭盔戴上去，就可以經歷各種快樂的感覺，有如活在真實的世界。然後他問我們是否願意放棄有苦有樂的真實人生，一輩子活在頭盔為我們所營造的幸福感裡？諾齊克斷言：絕大部分人都不願意這麼做，因為：一、我們不願意活在沒有行為能力的快樂裡，而是希望靠自己的行動或作為去改變這個世界；二、我們要的是自我成長的喜悅，而不是沒有變化也沒有成長的感覺；三、我們不願意活在機器虛構的世界，而跟真實世界失去深層的聯繫。

愛不該只是耽溺在兩情相悅的甜蜜裡，它需要創造、需要行動、需要改變這個世界，使這個世界因自己的存在而變得更美麗。只有在為了值得奮鬥的目標而奉獻犧牲時，愛才會顯出它最積極的意義。

老一輩的臺灣人一輩子費盡心力在養家活口，卻反而活得實實在在，不需要再有其他的人生意義。表面上他們活得像動物，沒有任何理想和精神世界；骨子裡，他們卻透過自己辛苦的勞力而確實改善子女和配偶的生活，讓下一代有機會得到比自己更好的生活。傳統的婚姻和家庭沒有浪漫的愛情做基礎，維繫它的是在付出過程看見愛的積極意義。

即使到了今天，愛仍然必須要透過無私的付出，才能創造出積極的意義。為了彼此的心願和孩子較好的成長條件，一對夫妻一起出國，共忍艱辛地走過經濟的窘困，相互撫慰人在異域的孤單，以及白人種族主義者的欺凌。他們為家庭的未來而奉獻，使一切的苦心變得有意義，而一起走過的艱苦歲月則成了彼此最深刻的人生記憶。回國後，先生為了個人野心而汲汲營營，太太也在無事可做的消遣、應酬中逐漸失去自己。野心和虛榮讓先生充滿活力；但不再彼此成全的生活卻使夫妻倆同時失去了愛與人生的意義。

德蕾莎修女（Mother Teresa of Calcutta，一九一〇—一九九七）的一生，以更深刻的方式詮釋著愛的積極意義。印度許多窮人在瀕死時會被遺棄在馬路上，當他們的身體被遺棄時，他們的尊嚴和生命的價值也一起被遺棄了，猶如被遺棄在毫無價值的絕望深淵。這種絕望與無意義所帶給他們的痛苦，遠遠凌駕於肉體的痛苦之上。

德蕾莎修女體認到他們的絕望，以及愛的積極意義，她用愛去療癒絕望，讓他們感受到自己卑微的價值確確實實地被肯定，也因而讓他們有信心再度肯定自己作為一個人的價值與尊嚴。很多人質疑德蕾莎修女：妳能拯救的窮人遠遠少於妳無力拯救的人數，妳為此受苦有何意義？但是她知道，雖然沒有人能徹底掃除印度的貧窮，但她可以搶救眼前每一個生命的尊嚴與價值。她願意為眼前每一個瀕死的窮人服務，而不去計較她照顧不到的人有多少，因為她看得見這一份「愛」的價值！而且，在這種給予愛的過程中，她也充實了自己生命的價值。

活著，為了實現更好的自己

這個社會裡有許多人的財富已經多到三代也用不完，卻還是拚命追求財富，甚至不惜付出自己和員工的健康，也在所不惜。所有的人都知道金錢是生不帶來死不帶去，為何還要不惜代價地追求自己絕對用不到的財富？如果你去訪問這些人，大概會得到這樣的回答：他們追求的是自我實現，財富只不過是自我實現與自我超越的表徵，而非人生的目的。

但是，自我實現與自我超越為何要用財富來作為表徵或衡量的標準？像財富這種身外之物能跟自我有什麼關係？其實，生前用不完的財富只有一個具體的意義：它表彰了一個人外表上看不見的某種「能力」。這個社會迷信學位、頭銜和權位，其背後最根本的動機，還是想藉此肯定自己比別人更有「能力」。問題是，假如一個人一定要藉著別人豔羨的眼光才能肯定自己，這豈不正巧彰顯了這個人只有外表而沒有更深刻的內在能力，因而無法靠自己來肯定自己？

真正的「自我實現」是充分發揮自己潛在的可能，使它們變成自己可以掌握、可以隨意運用的能力，而不需要炫耀或他人的豔羨。譬如，當一個人充分實現自己在文學、繪畫、工程、科學或音樂方面的稟賦時，自然就可以在其中得到充分的滿足。它只跟自己有關，而不需要別人的肯定；它帶給我們的是自足的喜悅，而不需要眾人的掌聲與鎂光燈的照耀。它是使自己成為「更值得自己肯定」的人，而不是整天巴望著別人的肯定。

更積極地說，「自我實現」讓我們有能力看見這個世界更深層的一面，因而有能力跟這個世界有更深層的接觸。春天來的時候，有些人可以從空氣的濕潤、陽光的柔美、草地的芬芳，乃至於隱匿在草叢裡的小野花而全面性地感受到春天的氣息，但有些人卻對這一切毫無感覺。面對歷史上豐富的人文遺產，有些人可以從音樂、文學、美術、哲學裡感受到曾經激動過前人的各種人性的苦難與尊嚴，深刻體會到人性的各種內涵，但是有些人卻對此一無所知。

很多人誤以為我們都活在同一個世界，事實上每一個人都活在自己獨特的世界裡。不同的樹有不同的枝葉、姿態和花卉，因此各有其獨特的風味與神情。我常問清華大學的學生：校園裡你最愛的樹木是哪幾棵？位置在哪裡？很多人想了很久都回答不出來，這才警覺到：來清華大學已經快四年，竟然從來不曾注意過樹木的存在。我會提醒他們：如果你不曾注意過它們，它們在你的世界中就是不存在的。同樣的，如果你對柏拉圖的著作、托爾斯泰的小說或普契尼（Giacomo Puccini，一八五八—一九二四）的歌劇沒有任何感覺，那麼它們在你的世界中就形同不存在。

每一個人都有他自己一個獨特的世界，那個他的思想所能理解或者情感所能體會的世界。自我成長或自我實現的真諦，是去發展我們在思想或情感上的能力，使得我們所能感受、理解的世界因而擴大、加深，讓我們跟這個世界有更全面而深層的互動接觸。在這個自我成長與自我實現的過程裡，我們發現這個世界最動人的一面，發現人性的高貴與尊嚴，也發現人性的委屈、無奈與卑鄙，從而學會尊重自己、肯定自己，以及節制自己，使自己從衝動的奴隸變成欲望的主人。

透過我們對人性廣泛而深刻的體認，我們更加懂得珍惜別人對我們的尊重與愛，不再只看見異性的外貌，或者把異性當作滿足自己虛榮心與欲望的工具。我們也透過這過程而體認到無辜者的痛苦，感受得到他們的迫切需要，甚至不由自主地想去幫他們緩解痛苦，並且成功地找到有效的途徑。

透過這個過程，我們更透徹地看見作為一個人的價值，也有能力透過自己的作為減少這個世界的痛苦，讓它變得更美好，而我們則在這過程中充實了自己的人生意義。

跟這樣的自我實踐比起來，財富、學位、頭銜和權位都更像是「身外之物」，跟最有價值的「自我」無關。財富和權位若用來濟貧與改善這個世界，就可以發揮它的積極意義；學位與聲望若來自於自我成長的副產品，實至而名歸就沒什麼好質疑。但是，如果看不到這些事物的積極意義，只是一味盲從地追逐，用以滿足個人鄙薄的野心，成全人性中最卑劣的成份，則不但無法使自己在人格上變得更可貴，也無法使這個世界因為自己的存在而變得更美好。這樣的人生不具有任何積極的意義，就沒有道理被稱為「自我實現」。

真正的「自我實現」是發揮潛能中較好的可能，並藉以節制較不好的可能，是讓自己成為一個更值得自己肯定與尊敬的人，而不是成為人人豔羨、嫉妒卻又鄙夷或痛恨的人。

找到人生的目標

十八世紀的英國經濟學家邊沁（Jeremy Bentham，一七四八—一八三二）主張：人生幸福的最高法則是追求快樂而逃避痛苦，這個法則「指出我們該做什麼，也決定我們將如何做。它們既決定了對錯的標準，同時也決定了（行為的）因果關連。我們的一切行為、言說和思想都完全受其宰制。」他忽略掉一件很重要的事實：人願意為了有意義的事而受苦，也願意為有意義的事而放棄許多的快樂。

意義感對人的作用是很奇妙的，它可以把原本是無聊或痛苦的事變成值得期待。照顧有惡疾的臨終病人原本是可怕的，甚至噁心的，但是印度仁愛傳教修女會的德蕾莎修女卻賦予它深刻的意義，使得許多人願意奉獻終生去從事這樣的志業。

意義感也讓人願意（能夠）承受生命中一切的苦難。親自經歷過納粹集中營的精神分析學家傅朗克（Viktor E. Frankl，一九〇五－一九九七）相信：即使在集中營這樣荒謬、痛苦、殘酷而無人性的地方，生命還是可以有意義的。因為「一個人，只要自覺到他對於一個等待著他的摯愛親人有一份責任，或者對一件尚未完成的事負有使命，就沒有能力拋棄他的生命。他知道他『為什麼』必須要活著，因此不管是『如何』活下去他幾乎都能夠忍受」。

當一個人找到自己的人生目標時，他就可以忍受各種痛苦，並且在邁向這個目標的過程中獲得滿足，而不見得還需要再去追求別的快樂。反之，當一個人找不到他活下去的意義時，即使給他世上一切的財富、令名和權勢，也無法解除他活著的空虛與痛苦。

所以，人生最重要的不是追求快樂與逃避痛苦，而是追求意義。當一個人覺得自己一生所做的事都很有意義時，這就是一種幸福。

更積極地說，「自我實現」讓我們有能力看見
這個世界更深層的一面，
因而有能力跟這個世界有更深層的接觸。

Unit 4

愛情與麵包——虛構的矛盾

很多人對於幸福的直覺體認就是「擁有一切想要的，遠離一切的痛苦。」然而伊斯蘭世界著名的智者伊本・阿拉比（Ibn Arabi，一一六五－一二四〇）卻提醒我們：「塵世的欲望有如海水，喝得愈多就越口渴。」而聖嚴法師也說：「需要的東西並不多，想要的東西非常多；需要的東西應該要，想要的東西不重要。」

日本的山下英子則用自己的方式詮釋印度瑜伽行的「斷捨離」，因而改變數百萬日本人的人生，讓他們活得更加輕鬆、自在而快樂。她不反對快樂、華服和美食，但是建議聽眾和讀者：把自己擁有的物件都控制在有限數量，以免被不常用、不需要、不重要的東西塞滿心靈，最後反而找不到對自己而言真正重要、需要的東西。

譬如，她只有五條項鍊和五套外出服，每買一件新的就丟掉一件舊的。藉著這個取捨的過程，讓自己省思這些東西對她的重要性，也藉此重新思索、調整自己的核心價值。她還把這個技巧用來省思自己跟他人的關係，讓自己能從紛亂的理想與現實中爬梳先後、輕重與緩急，而不至於在當代過多的誘惑與複雜的人際關係中迷失自己。

她用家裡的收納空間來比喻人的心靈與人生：每一個家庭的收納空間都有限，如果這些空間裡塞滿了過去遺留下來的、不重要、不需要的東西，妳就會沒有剩下的空間來容納與更新更好、更重要、更想要的東西。如果不懂得「斷捨離」，而搬到更大坪數的新家，只會被更多不重要、不需要的東西所淹沒，而更加沒有機會釐清自我，活出自己。

她的這一套理念和實踐看起來精簡、扼要且易行，其實卻是從九死一生裡領悟出來的。早稻田大學畢業的山下英子原本跟許多人一樣，太在乎別人的眼光，因而心靈和生活裡都塞滿了不重要、不需要，甚至根本不是她自己想要的東西。

她的母親對金錢和物品非常執著，個性又強烈，什麼都放不下，若跟脾氣不好的父親吵架，就會整天抱怨，直到全家人都跟著吵成一團。因此她年輕時一心只想趕快結婚，藉此逃離家庭。沒想到婚後卻受不了婆婆的控制欲，生活與心情又再度陷入谷底。緊接著日本陷入一九九〇年代的經濟困境，她每天活在焦慮裡，開始嚴重的掉髮，白血球的數量也急遽下降，連生命都遭遇到威脅。於是她逼著先生搬出去，再度用最膚淺的「斷捨離」去逃離外在的痛苦根源，減低自己的壓力。

後來，她姊姊因為無法接受親生女兒的性別認同，而壓力大到華年早逝，緊接著那個女兒（山下英子的外甥女）也因為無法忍受他人的眼光而輕生。這時候，山下英子才警覺到：人生最大的痛苦與負擔，是因為太在意別人的想法，有太多不適合自己的成見與執念，因而無法追求自己真正想要的東西，甚至沒有機會活出自己。但是這時候她還沒有真正徹悟：「斷捨離」的核心精神，是價值觀的自我釐清。

這時日本的經濟始終沒有改善，先生自創的公司和身體狀況都出了問題，需要她幫忙照顧。偏偏守寡後獨居的母親和婆婆都相繼罹患癌症，也需要她的長期照顧。她只好在這種難以承受的壓力下又勉強過了十一年，始終在別人的需要和自己的需要之間掙扎、糾纏而難以取捨。有一天她獨自到佛寺靜修，知客僧給了她一套僧服，她突然覺悟：「原來我需要的東西，竟是如此之少。」

於是她決定放下內在與外在所有不必要的包袱，為自己真正的需要和想要而活。婆婆已經過世，她毅然決然地離開先生的公司，挪出時間來實現自我，並且用自己的心得協助鄰居走出各種困境。後來她又把母親給接來住，因為她已經學會跟母親相處的訣竅。

斷捨離只是手段，山下英子的最終目的還是想要得到——捨棄次要的，追求更重要的。然而人生的可欲那麼多，你要如何取捨，如何評量它們的價值與先後？如果只憑當下的感覺去做決定，會不會被激情所蒙蔽、誤導，或者被過去的慣性和本能欲望所囿限，而看不到更重要的東西？此外，自己所想要、需要的東西，一定都比自己不想要的責任更重要嗎？譬如，離開丈夫的公司而接來母親，還有時間去關心鄰居的主婦，這樣的取捨是對的嗎？

更重要的是，她的作法是否可以用來化解現實與理想（愛情與麵包）的矛盾？

卡內基與科技奇才的迷思——被過度簡化的人生

很多人都害怕自己今天看輕的事物有可能會在未來變成重要的、不可或缺的，而今天看重的卻有可能在未來才發現那只是一廂情願的空想。為了害怕作錯決定，他們乾脆先想辦法賺錢：錢是通幣，有錢隨時可以買到想要的，隨時可以用錢解決痛苦與煩惱。

鋼鐵大王卡內基（Andrew Carnegie，一八三五－一九一九）甚至自傲地鼓勵人：用人生的前三分之一去累積賺錢的能力，用第二個三分之一拚命累積財富，用最後的三分之一時間為這些財富找到最佳的用途。他生前累積的財富可能是美國史上第二高，僅次於石油大王洛克菲勒（John D. Rockefeller），但是他在遺囑裡把這些錢都捐出去——他用這些錢來創辦了卡內基大學、兩千多所圖書館，以及許多指定用途的基金會，因而收到無數陌生人的感謝函。他的人生觀影響很多美國的富豪，然而其中卻隱藏了許多疑點。

他的財富和鋼鐵王國主要是用工人的血汗建成的：為了壓低成本和擴大競爭力，他逼迫工人接受較低的工資和較長的工時（每天工作十二小時，每年只有一天休假），而且不重視他們應有的各種防護設備和措施，以至於他的鋼廠裡意外頻仍，到處看得到肢體嚴重傷殘的工人。為了維持不合理的工作條件和待遇，他用絕情的手段打壓工會，並且以血腥的手段在一八九二年鎮壓一場持續一百四十三天的工人抗議事件，導致數百名工人的死傷。

這些做法引來一個問題：一個人可不可以用慈善事業來合理化他斂聚財富時的血腥？一個傳記作者以為可以，不過有個牧師卻對卡內基說：神的殿堂不能被你那血腥的錢所汙染！那位傳記作者或許沒有想到：被卡內基壓榨的人是社會的底層工人，念卡內基大學的人多半來自中上階層，而有時間使用圖書館的人也以中產階級及其子女為主；因此，卡內基的「慈善事業」基本上屬於「劫貧濟富」。那麼，劫貧濟富值得被肯定嗎？還是該被譴責？

此外卡內基把感謝函都慎重地儲放在一個抽屜裡，上面標示著「感恩與甜蜜的話」。我們很難據此推斷他的「劫貧濟富」究竟是出自於對他人的關懷和善意，或者是為了滿足虛榮心；若是後者，就更加難以把他的作為看成是「慈善事業」。

這個故事顯示，「先賺錢，再思索如何花錢」的策略有兩個盲點：其一，賺錢的過程所犯的錯，不必然可以在事後用錢去彌補；其次，賺到錢後，不必然就會懂得如何善用錢財。比爾・蓋茲（Bill Gates）和賈伯斯（Steve Jobs）的生平故事，值得我們進一步省思。

這兩個人是當代最著名的輟學生，他們都比常人更專注於創業，所以成就傲視科技界；但是也因為太急功近利，而鮮少去思索「人生是否還有其他的重要選項」。

比爾・蓋茲在哈佛大學二〇〇七年的畢業典禮上演講時，以「哈佛大學沒有教我的事」為題，指出他在哈佛接觸過許多新穎的政治、經濟與科學觀念，卻沒有人提醒他一個遠比科技創新更重要、更亟待解決的問題：這個世界上存在著嚴重的貧富差距，光是美國就有數百萬人失學，而發展中國家裡更有數百萬人生活在難以言喻的疾病和困苦中。

他語帶驕傲地說：「我花了數十年才有這個發現。」其實哈佛校園裡有許多人都早已熟稔這些事實，許多學者也都遠比他更透徹地瞭解其背後的成因與對策。可惜的是他不願意虛心、誠懇地向這些學者求教，因而他的基金不必然能緩解前述問題，有時還適得其反。

譬如，他高調地投入大量資源去對抗非洲的愛滋病與瘧疾，並且從原本就已嚴重匱乏的非洲醫療人員中徵調了大量的優秀人才，使得基層的醫療資源更加嚴重不足。批評者舉證說，由於比爾・蓋茲不當地扭曲了非洲原有的醫療人力配置，使得非洲人總體的健康條件其實是惡化，而非改善。英諺有云：「通往地獄的道路上鋪滿了善意。」比爾・蓋茲應該聽過這一句警語，但是顯然未曾深刻地瞭解其含意。

還有批評者傳出基金會的內部不滿，說基金會的運作嚴重地屈從比爾・蓋茲的個人價值觀與意識形態，鮮少有專業而開放性的討論——當一個人擁有全球最大的慈善基金之後，如果還寄望他能克服自大與虛榮，重用敢於諍言的專業人才，恐怕有些不切實際吧？

比爾・蓋茲在將滿五十四歲的那年退休，換跑道去投入慈善工作，扮演救世主的角色。然而賈伯斯卻沒有這麼好的運氣。

賈伯斯喜歡說：「我很幸運，年輕時就找到自己熱愛的工作。」其實，他年輕時也曾迷惘過：他在二十歲前夕去印度，想向一位神秘主義大師求法而未能如願，數個月後只好返回美國；後來他嘗試過迷幻藥和禪宗，一度考慮去日本出家，直到轉念去創業，從此留在高科技領域。可惜，他在四十八歲那年被診斷出胰腺癌，卻不肯接受療癒率相當高的手術，而去嘗試針灸、生機飲食、傳統草藥、排毒蔬果汁等。延誤九個月之後，終於接受手術，但是癌細胞已經蔓延到肝臟。五年後他又接受肝臟移植，但是已無法抑制癌細胞的擴散，終於在五十六歲那一年過世，徒留遺憾。

醫學界曾經既感慨又迷惑：電子業界的奇才，為什麼跳不出民間偏方的迷思？其實不奇怪，懂高科技市場的人不必然懂得人生的道理。

兩位科技奇才的故事，很容易讓人聯想起愛因斯坦（Albert Einstein）的話：「僅只教一個人專業的技能，這是不夠的。他或許可以因而變成一種有用的機器，但不會是發展得協調的人格。一個學生必須對價值有所瞭解，和具有生動敏銳的感受能力，這是不可或缺的。」

令人驚訝的是，亞里斯多德（Aristotle）在兩千多年前就已經提醒我們：先用三分之二的人生去追求財富，再用三分之一的人生去思索錢的用途，這是智者所不為的；還不如用適當的時間比例去賺取溫飽所需的財富，並且用其他的時間和心力去追求更有價值的事物。他的說法是：「財富本身顯然不是我們所追求的善，因為它僅僅只是有用的工具，目的在於其他事物。」也就是說，金錢只是有助於達成目的的工具，然而徒有工具不必然會達成目的，還不如直接去追求含有內在價值的事物本身。

而且他還全面性地檢視過各種可欲，用以有系統地探討幸福的等級——這一份講義經常被稱為《尼各馬科倫理學》，然而也有學者寧可稱它為《亞里斯多德幸福學》。

幸福的等級與取捨的法則

本書一開始就很平易近人地肯定：「任何一種技藝或思索，以及任何行動或選擇，其目的都含有一定的善（價值）。」譬如健康、財富、容貌、名氣等。然而他也指出來，這些事物的價值有相對的高低而不相等。譬如，財富是為了用來換取其他事物，而我們追求快樂是為了快樂本身，因此財富不如快樂（手段不如目的本身）。

其次，聲譽是值得追求的，但是它來自於他人的肯定，價值上不是自足的；反之，德行的價值是自足的，無須他人肯定，還可以帶來附加的聲譽，因此德行比聲譽更值得追求。也就是說，一個人內在價值的提升，比身外的功名利祿更值得。

此外，越稀有、越難達成的目標越可貴；而理性是人所獨有的，因此最能發揮理性的活動最可貴。反之，單純只是快樂而與智慧、德行無關的人生，是連尚未發育的嬰兒和最沒出息的人都能做得到，因此是在辜負一個人潛在的稟賦與生命的價值。

根據以上這些原則，他認定幸福的人生就是持續地運用哲學的智慧，表現出高貴、美好的言行，從而充分體現出人的價值。至於一切活動之中，最美好的就是「沉思永恆的事物」，因為它充分運用我們最可貴的智性，它的對象是最高的善，因而充分發揮我們做為人的最高價值；而這活動又可以「持續地進行」，不需要任何外在條件的配合；此外，它還是「一切德行中最令人感到愉悅的」。

所以，最大的幸福是發揮自己的潛能，從事最有意義的活動，從而獲得喜悅和滿足；而不僅僅只是追求最強烈、最持久的快樂。因此，我們不該把人生浪費在無助於提升個人生命意義與價值的活動，譬如耽溺在武俠小說、言情小說、電玩、吃喝玩樂。

然而這個意思並不是說金錢完全不重要，或者連偶爾跟親友愉悅地餐敘也不可以。較妥當的措詞是：不要因為耽溺於功名利祿和小確幸，而辜負了個人的潛能和生命的潛在意義與價值。更精確地說，一件事物的價值高低，要視它所處的情境而定，不是一成不變的。

譬如，心理學家馬斯洛（Abraham Maslow）的需求層次理論就說，當一個人連溫飽都有問題時，生理需要和安全感的滿足會比自我實現更重要；反之，當一個人的溫飽不虞匱乏時，情感、自尊心（自我肯定）與自我實現的需要，就遠比這輩子用不到的財富還更重要。

在馬斯洛的理論裡，不會有「愛情與麵包」或「現實與理想」的衝突，原因是他的價值體系可以隨情境的變化而動態的調整。根據這個理論，一家人的溫飽乃是全家人維繫基本生理需要的必備條件，也是一個人追求更高的價值前必須先滿足的前提要件；因此它實質上是理想的一部分或前置工作（基礎工程），跟理想沒有任何衝突。然而當一家人溫飽有餘後，如果繼續耽溺於功名利祿等現實，將排擠一個人追求理想所需要的心力，因而辜負一個人潛在的生命意義與價值，這時候額外的財富就有害於理想。

也就是說，「愛情與麵包」或「現實與理想」的衝突並非生命的本然，它們只不過是傳統價值觀太僵硬、靜態而一成不變的結果；只要能依據情境而適當進行動態的調整，就可以輕易地避免。

因人而異的幸福

人生最大的幸福，就是發揮個人內在最可貴的潛能，從事最有價值（意義）的活動，藉此不斷地提升生命的意義與價值，同時從其中獲得最大的喜悅和滿足。從這角度看，亞里斯多德的原則有很大的參考價值。

然而一個人最值得發揮的潛能因人而異，而最有價值（意義）的活動又很多元，因此人生最高的幸福不必然只有「永恆事物的哲思」——繪畫、音樂與文學所能達到的精神高度，不必然低於哲學的思維；自然科學的客觀與真確，也往往有勝於哲學之處。此外，美國金恩博士（Martin Luther King, Jr.）的人權運動，史懷哲（Albert Schweitzer）的非洲行醫，德蕾莎修女在印度的慈善活動，它們的價值也都不下於哲學的冥思。

其次，客觀上有意義與價值的活動，不一定是個人所長，也不一定是個人主觀情感上能起共鳴的。如果勉強投入，不一定能發揮個人潛能，也不必然能獲得喜悅和滿足。譬如，很多人都同意史懷哲、德蕾莎修女和金恩的人生是有意義的，卻無法對這些志業抱有高度的熱情。抽象的認同不足以成為一種志業，它還需要情感上的共鳴，而這種共鳴往往有賴於個人親歷其境的體會——追隨德蕾莎修女的人，往往是在跟她共事時親自感受她的偉大人格，以及臨終病人的痛苦、絕望與內心的轉變，之後才引發巨大的情感共鳴。

再者，吻合個人稟賦與愛好且有意義的事物，不必然客觀上正逢其時。譬如，海森堡有很高的音樂天賦，又熱愛哲學，最後卻放棄了音樂和哲學，而選擇了物理。他的理由是：音樂的偉大時代已經過去了，而理論物理正面臨許多有待解決的重大問題，因此他在物理學界會比在音樂界更有機會對人類產生重大的貢獻。

面對如此多元的人生選擇，以及各種外在配合條件的不確定性，最重要的是牢牢記得：人生有多元的需求，沒有任何一者可以用來彌補他者的匱乏——金錢不能用來買感情，自我實現也無法填補情感與溫飽的匱乏。

所幸，只要兼顧個人的多元成長與需要，並隨著外在環境的許可而動態地調整階段性目標，就可以化解現實與理想的對立，並且持續實現個人的潛能，累積生命的意義與價值。最怕的是急於出人頭地，而把所有的雞蛋都放在一個籃子裡，以至於事後悔恨不及。

金錢只是有助於達成目的的工具，然而徒有工具不必然會達成目的，
還不如直接去追求含有內在價值的事物本身。

Unit 5 尋找終身伴侶

戀愛的激情讓每一個人都終生難忘，而永生不移的愛情（one life, one love）則人人矢志追尋。找到一個終身伴侶，一輩子跟他陶醉在永不褪色的愛情裡，多麼令人嚮往！可惜的是，真實人生中的戀情通常都像國慶日的煙火，可以燦爛地照亮夜空，卻很難持久。

假如戀愛的激情不是情感的常態，因而或遲或早地注定要消失，那麼永生不移的愛情是不是海市蜃樓，只存在於幻想中？或者，它跟戀愛的激情有些不相同的質素，因而才能使它持久？那又是怎樣的感情？

徐志摩說：「我將於茫茫人海中，尋訪我惟一靈魂的伴侶。得之，我幸；不得，我命。如此而已。」追尋終生的伴侶真的是像徐志摩想像的那樣子靠天命、靠運氣？找到了就可以「永保安定」？

不管是戀愛、同居或步入結婚禮堂，人總是期待著能找到終生的伴侶。在我的世代裡，結婚育子是「天經地義」的事，很多人都未曾思索地就以為自己一定會結婚。因此，我們只問一個問題：要跟什麼樣的人結婚？尤其是面對著離婚帶來的龐大壓力，與孩子很快地就會出生的「慣例」，我們在選擇結婚對象時，基本上就是在選擇終身伴侶——一個可以終生相伴，貧困中不離棄，患難中相扶持，一起把孩子帶大，一起含飴弄孫的伴侶。因此，我們在乎的是感情的持久度而非戀愛的熱度，也警覺到熱戀的情人不一定適合當夫妻，而適合結婚的對象則不必然最能引起雙方的激情。

我們那個世代並非都是教徒，也很少人見識過教會的婚禮儀式，但是我們卻多半是不自覺地許下了西方教會的婚禮誓言：「我願以妳為妻，從今天開始，擁有妳、護持妳、不論是順境或逆境、更富有或更貧窮、在妳病中猶如康健之時，直到死亡將我倆拆散。」這個許諾非常動人，但是要做到它，卻需要兩人都有成熟的人格，能夠處理彼此的差異，而不能只靠婚前的兩情相悅。

結婚通常是戀愛的延伸，但是很多人誤把戀愛的熱度拿來預測未來情感的持續度。其實，戀愛跟結婚大大不同：戀愛憑的是衝動，兩情相悅就可以，而且往往不可自禁；結婚的初衷是期待著一輩子的相處，需要克服彼此價值觀、雙方親人文化與價值觀的差異，以及經濟與各種境遇的順利與不順利。婚姻的難度遠遠超過單純地墜入愛河！

如果我們沒有辦法分辨結婚與戀愛的差異，就很難找到真正的終身伴侶。

尋覓終身的伴侶

我常問戀愛中的男女，為何選擇跟對方在一起。最常聽到的答覆是：「我們在一起很開心。」但是，兩情相悅只是愛情的起點，它既非愛情的全部，更不是愛情的終點。

人生難免有低潮的時候，有困頓的時刻。因此，愛情也包含著困難時的相扶持，傷心時的彼此安慰，屈辱時的相互鼓舞。可以共歡樂的愛情雖然值得珍惜，但更可貴的卻是終生相扶持，不離不棄地一起走過最艱難的時刻。不過，要相扶持走過人生的艱難與困頓，需要的不僅僅只是彼此的取悅與愛慕，還需要其他更成熟的能力。

在《醜聞日記》（*Notes on a Scandal*）這部電影裡，女主角剛過法定年齡就在熱戀中嫁給年長而英挺的丈夫。但婚後卻苦惱於兒子的智障和女兒的極端情緒，這時才發現丈夫不但無力一起面對困境，還遷怒於她而經常對她粗言粗語。一個早熟的國三生史帝文因愛慕她的美麗而接近她、取悅她、貼心地安慰她、聽她傾訴，師生兩人於是有了性行為。事情被揭露後，男孩的母親當眾打她耳光並提出告訴，媒體整天守候在外，丈夫則異常憤怒。她在面臨法律制裁與輿論壓力下去找史帝文，這男孩卻在驚恐中倉惶跑走，她才終於意識到：一個十五歲的男孩，根本沒有能力為自己的行為後果負責，更別說是在這艱難的時刻裡挺身為她分憂。

要陪伴一個人走過艱難的歲月，需要的不只是膚淺地彼此取悅，而是要有能力傾聽、體恤彼此的心情，甚至是協助另一半走過悲傷、煩惱、挫折、沮喪、絕望的能力。一個人如果沒有能力體恤伴侶的心情，往往會變成只能同歡而不能共苦；一個人如果沒有能力協助伴侶走過低潮，頂多只能耐心陪伴或乾著急，而無法提供更有效的助益。但是，假如有機會相互扶攜，走過艱難的時刻，情感將會深化並留下無法抹滅的共同記憶。

結婚則更加是兩個不同生命經驗的人相結合，婚後要一起決定彼此的共同事務，也要在意見不同時有能力真正地尊重對方的差異與抉擇。

傾聽、體恤和艱難時刻相扶持的能力可以是源自樸實、誠懇、善良的稟性，更進一步的話則是靠人文的素養與能力。人文（humanities）素養原本的意思是：一種對人性事實寬廣地瞭解的能力。我們可以從文學、歷史、美術與音樂去體會、瞭解人性在各種不同情境下的希望、憧憬、嚮往、挫折、失望、絕望與委屈，也可以透過文學、歷史、哲學探索各種值得追求的人生目標與意義。藉由這些接觸，慢慢對自己的內在情感較敏感而自覺，並且逐漸跨出封閉的自我而對各種不同的情感和人性有愈來愈成熟、細膩的瞭解。有這些基礎，比較有能力跨越兩個人稟賦和際遇的差異，在傾聽中瞭解另一個人的內心的世界，去體認另一半生命中最深刻的喜悅。如果沒有這樣的人文素養，就比較難在人生伴侶的低潮裡有效地扶攜，也很難有彼此分享與相互成全、深化的生命軌跡。

愛與被愛的真諦

佛洛姆（Erich Fromm，一九〇〇—一九八〇）在《愛的藝術》（*The Art of Loving*）裡清楚分辨「被愛」（being loved）與「愛人」（loving）的差別：一般人在戀愛中尋找的是「被愛」的快樂，以及透過「被愛」來肯定自己的價值；而「愛人」則是一種主動的能力，它使人可以突破個人的孤立與孤獨，它也使人可以擁有關心、體貼、瞭解、尊重、支持對方，及與對方相互扶助的能力。戀愛可以靠天命，但是兩人要終生在一起則需要兩個人都有「愛人」的能力。

只有「被愛」而沒有能力「愛人」的人，他藉由「被愛」而建立起來的自我肯定其實是一種自欺欺人的幻覺。更糟的是，只有「被愛」而沒有能力「愛人」的人，最後會連「被愛」的能力也失去。因為她欠缺關心、體貼、瞭解、尊重與支持對方、與對方相互扶助的能力，而這些能力的欠缺不但會使她沒有能力互惠地對待愛情的伴侶，還甚至於只知道要無止盡地索取愛侶更多的關愛，而沒有能力感受到愛侶的付出。這樣的人，就算碰到千載難逢的佳侶，也遲早會把良緣給磨耗、糟蹋掉。

所以佛洛姆不把激烈的戀情當成是真正的「愛」。真正的「愛」需要兩個有能力「愛人」的成熟人格，但是激烈的戀情經常發生在兩個不成熟的人身上，甚至人格愈不成熟往往戀情還愈激烈。

徐志摩和陸小曼的愛情常被歌頌，但是他們悲劇的婚姻卻很少人願意去深思、理解。徐志摩追陸小曼的時候，兩人談藝論畫猶如知己。婚後陸小曼回歸本性：她所渴求的只不過是舞會上眾人豔羨的目光，社交場合裡中外女賓對她口才的嘆服，以及男人的阿諛奉承與熱切的追求，此外什麼都漠不關心。陸小曼夜夜笙歌，永無止盡的交際應酬，讓婦唱夫隨的徐志摩疲於奔命。徐志摩因而浩嘆：「我想在霜濃月淡的冬夜獨自寫幾行從性靈暖處來的詩句，但我卻跟著人們到塗蠟的舞廳去豔羨仕女們發金光的鞋襪。」而陸小曼則不禁對友人抱怨：「照理講，婚後生活應過得比過去甜蜜而幸福，實則不然，結婚成了愛情的墳墓。徐志摩是浪漫主義詩人，他所憧憬的愛，最好處於可望而不可及的境地，是一種虛無縹緲的愛。一旦與心愛的女友結了婚，幻想泯滅了，熱情沒有了，生活便變成白開水，淡而無味。」

這場悲劇真正的原因是兩個人的人格都不成熟，一旦婚姻中有任何的不順心，都沒有能力處理，也沒有足夠的能力彼此扶持、體恤。

反觀林徽音與梁思成，這一對夫妻情侶都志在建築，一起越過無數荒山野嶺去探索古建築的蹤跡，為中國建築史做出了後代永懷的貢獻。在建築的專業裡，他們是夫唱婦隨，梁思成的研究和著作絕大多數是在林徽音的潤稿與細部繪圖下完成。在文學領域裡，他們是婦唱夫隨，林徽音在客廳與文人聚會，交情深厚到沈從文的妻子吃醋，但梁思成卻願意成全。即使這麼好的一對夫妻，後來林徽音還是不由自主地愛上金岳霖。林徽音告白後，梁思成苦思一夜，第二天真誠地告訴林徽音：「妳是自由的，如果妳選擇了老金，我祝願你們永遠幸福。」金岳霖知道後感佩於梁思成的真誠，自覺不能破壞兩人的感情，於是退出並且終生不娶。

讓林徽音與梁思成相伴三十一年的力量不是天命，也不是運氣，而是他們兩人都擁有「愛人」的能力與彼此成全的苦心。假如不是梁思成婚後一直在成全林徽音的文學愛好，林徽音在愛上金岳霖後也許不會真誠告白；假如沒有梁思成忍痛給予林徽音選擇的自由，才華很可能高過梁思成的金岳霖不見得願意退讓；反過來說，林徽音也不是任性放肆的人，她能不居其功地協助丈夫完成志業，自有她在婚姻裡付出的苦心。

共同奮鬥的人生目標

終生相守需要克服兩人間各種的歧異，以及許多外部的誘惑；而彼此的成全則建基於彼此的隱忍與犧牲。為愛犧牲經常被歌頌，但是托爾斯泰在《安娜・卡列妮娜》（*Anna Karenina*）裡卻讓我們看見：婚姻與愛情裡如果沒有值得奮鬥的共同目標或人生意義，為婚姻與愛而做出的犧牲將會變得毫無價值。

伏倫斯基是安娜生命裡唯一激盪她心魂的戀人，但是這個只有外表而沒有內涵的英挺男人卻把自己和安娜一起引向活不下去的絕境。伏倫斯基愛安娜，但是卻沒有能力為自己和安娜找到人生的意義，反而把安娜從她摯愛的兒子身邊帶走，使她在絕望中臥軌而結束了生命。

托爾斯泰筆下的人物，都是取材自當時俄國上流社會的貴族。伏倫斯基就像當時所有的貴族，在成長過程中不曾看見過值得追求的人生目標，不曾懷疑、探索過人生的意義，只想追求長輩的嘉許和同儕豔羨的目光，靠他人的肯定來肯定自己的價值與意義。因此，他跟隨時髦去從軍，在部隊裡為了表現男人的豪邁而豪賭、豪飲，一擲千金；為了獲得同僚的友誼而不分是非地義氣相挺；為了表現英雄氣概而在賽馬場上逞匹夫之勇；為了證明自己的男性魅力而在社交場合裡用盡各種無聊的小手段討老少婦女的歡心。

就像許多自覺能力薄弱的男人，伏倫斯基追求已婚的安娜，不僅僅是為了他也說不清楚是什麼的「愛情」，也為了把已婚貴婦爭到手後可以在媽媽和同儕面前得意，甚至不自覺地把追求安娜當賽馬場外的另一場競技。伏倫斯基處心積慮想跟安娜上床，與其說是為了終生相守的許諾，不如說只是想要滿足「非要到手不可」的衝動。有些時候，伏倫斯基會浪漫地想像：「沒有這場戀愛，我們就既沒有幸福，也沒有不幸，就等於是沒有活過。」其他時候，這場戀愛更像是他無聊人生中最亢奮的一場競技，而很難再有更深刻的含意。

安娜瞭解這場戀愛欠缺穩固的基礎，因而擔心伏倫斯基不把她的懷孕當作一回事。但是只要伏倫斯基「臉上表現出了那種令她那麼動心的馴服，那種奴隸般的忠誠」，她就控制不了內心的騷動。

安娜不是浪蕩的女人，她一再想自殺而沒有足夠的勇氣；伏倫斯基只是沒有深度，而不是薄倖，在卡列寧原諒他時也一度想要自殺謝罪。但是安娜受不了在卡列寧家裡毫無生氣的人生，伏倫斯基除了追求安娜之外找不到人生的意義。因此，在身邊一堆爛好人的慫恿下，他們展開了不被教會與社會祝福的同居生活。

使他們結合的是「愛情」，但是除了「愛情」之外他們找不到其他的生活動力。所以，激情過後，他們便失去生活的目標。伏倫斯基帶安娜出國旅遊、學畫、贊助畫家、關心農業、興辦醫院，但是在欠缺對人生的真正關懷下，這一切活動很快就讓他感到無聊且無趣。

安娜害怕在激情過後伏倫斯基便對她失去興趣，因此天天用心地打扮自己，藉由和客人調情來讓伏倫斯基感受自己的魅力；用大量的閱讀來配合伏倫斯基飄忽不定的興趣以尋找兩人的共同話題。安娜只想要伏倫斯基永遠死心塌地愛她，但是伏倫斯基的多變與容易厭倦讓安娜恐懼。伏倫斯基不曾獻身關懷過任何事務，他對任何東西都只有五分鐘的熱度，永遠在追逐虛浮飄渺的東西。最後，安娜的愛終究成為伏倫斯基極力想掙脫的束縛。

兩個欠缺人生積極目標的人生活在一起，因為沒有自己要追求的目標，所以可以輕易地為對方犧牲；但這些犧牲對於對方卻不具有任何必要性，因而很難得到對方的感激，反而因此產生積怨。這場轟轟烈烈的愛情，因為找不到激情過後可以持續發展的情感基礎，終於一步步地走向悲劇，無法挽回。安娜自殺後，伏倫斯基自願請調到最前線，希望以戰死來了結自己的悔恨。

元稹的〈遣悲懷〉有句名言：「貧賤夫妻百事哀」，它確實道盡恩愛夫妻生計艱難的悲哀。可是反觀安娜和伏倫斯基，因為富有而沒必要為一家生計費心，反而因此失去共同努力的目標，以及為愛犧牲的必要，而使得他們的婚姻有無以維繫的痛苦。

其實，過去千百年來養活自己和一家人一直都不是很容易的事，很多夫妻都必須費盡苦心地付出與犧牲，才有辦法讓家人不受飢寒之苦。在這過程中每一分的付出對家人而言都是必要而彌足珍貴的。元稹〈遣悲懷〉裡從「泥她沽酒拔金釵」到「針線猶存未忍開」的夫妻情深，每一個成員都可以感到彼此的用心和深情，每一個人也都可以在付出的過程中看見自己活著的價值和意義。這種素樸的作為與目標，一直都是婚姻中最核心的價值。因此，人不需要過人的才華或成就，就可以擁有幸福的婚姻和家庭，也可以在這過程中成就他作為一個人的價值和意義。鍾理和和鍾平妹的婚姻就是最佳的見證。我們之所以會被鍾理和的小說感動，就是因為他和鍾平妹為了成全家人而傾盡自己一切所有，甚至不惜苛待自己的那種深情與用心。那種深情與用心，讓我們看見一無所有者的價值與尊嚴，也對比出空有財富而沒有人生目標的人，他們的人生是如何地貧乏與空洞。

安娜和伏倫斯基的故事告訴我們，在這個富裕社會裡，如果相愛的兩個人沒有值得各自奮鬥的人生目標，就很難找到值得相互成全的事，因而為愛犧牲的行為將失去意義，徒然剩下彼此的束縛與折磨，終至釀成悲劇；相愛的兩個人如果沒有值得彼此心儀的人品、性情或人文素養，激情過後將很難有貼心的關懷與深刻的瞭解，更沒有值得彼此分享、欣賞的生命成長軌跡。

結語

戀愛是人間最簡單的事，不管是因為什麼原因而愛上一個人，陶醉在愛情裡一點也不需費力氣。困難的不是墜入愛河，而是終生相守。

無疑地，人人都期待：傾心於一個人的容貌、身影，繼而愛上他的談吐與性情，並且在一起走過生命的各種磨難後，終於愛上彼此相互扶持的那份深情，以及彼此共享、彼此成全的人生價值與意義。

完全仰賴際遇，我們將得不到值得終生相守的愛情。為了讓自己成為值得對方終生相惜的愛侶，我們需要提升自己對人性的瞭解，也需要努力去探索人生的意義，以便以彼此的一生相互提攜、相互輝映、相互成全，在歷久彌堅的情感中一起完成值得分享的人生之旅。

可惜的是，很多人都在激情過後才發現對方嚴重欠缺「愛人」的能力，或者既沒有自己要追求的人生意義，也沒有意願（或能力）去瞭解對方的人生意義。如果你捨不得過去的情誼，可以試著讓對方瞭解他的不足，嘗試著引導對方去培養「愛人」的能力，以及探索人生的意義。假如對方無論如何都不願意，其實這就是一個只適合戀愛而不適合終生相伴的情侶。

如果對方只是沒有能力和意願去探索人生的意義，但是至少願意成全你的追求，也願意發展自己「愛人」的能力，這還值得考慮遷就。畢竟理想的終身伴侶確實可遇而不可求。但是，如果對方根本沒有意願發展「愛人」的能力，勉強在一起恐怕只會加深彼此的衝突與痛苦，浪費彼此可貴的人生，那還不如珍惜過去的戀情而及早各奔東西。

因為，只有愛戀而沒有尊重，那是情欲而非愛情；只有尊重而沒有瞭解，那是另一種貌合神離；假如尊重與瞭解才是終生相守不可或缺的條件，沒有這些能力的人恐怕就是不適合一輩子相守的人。

Unit 6

財富的意義與迷思

錢有數不盡的用途，但它並非只有好處而全無壞處。錢可以載舟也可以覆舟，如果財富遠多於一個人的智慧，多出來的部分將成為禍源。

成為企業家、科學家或發明家原本是一件值得嚮往並且有意義的事，這一件事在臺灣卻幾乎已經完全失去它有意義的部分，而淪為僅僅只是貪欲和虛榮心的滿足，很多時候甚至是以令人不齒的方式在追逐。

李陽冰父子被後人紀念，是因為他們發揮了儒家「利用厚生」的精神，建都江堰來改善四川民眾的生活。愛迪生的電燈造福全人類，瓦特的蒸氣機讓人類免於勞役之苦，而伽利略、牛頓與愛因斯坦等科學家則引領人類走出無知與迷信。他們都是因為用自己的智慧造福人類而被稱頌，不是因為他們的自私、聰明或多金。同樣的，歐陸許多企業家之所以會被社會敬重，都是因為他們用自己的智慧和企業在造福社會，提供就業機會，以新穎而更有效率的生產方式提升社會的生產效率與生活水準，而不是因為他們善於掠奪財富，甚至無情而殘酷地剝削勞工來致富。

法國大文豪雨果（Victor Hugo，一八〇二－一八八五）在其名著《悲慘世界》（*Les Misérables*）裡為我們塑造了一個極為動人的「企業家」（Entrepreneur）形象。這部小說的男主角冉阿讓（Jean Valjean，又譯「尚萬強」）為了不忍心看姊姊的孩子餓死，而在麵包店搶了一條麵包，被判刑五年；為了怕姊姊和孩子乏人照料而一再越獄被捕，使刑期延長到十九年。出獄後他靠自己的智慧發明琉璃珠的新製程，而創造了許多就業機會，在他的工廠裡任何人都可以靠自己的勞力養活自己和一家人，他也因此被選舉為人人尊敬的市長。

澀澤榮一（一八四〇－一九三一）創辦了五百多家企業而被稱為日本企業之父，他在《論語與算盤》中提倡「士魂商才」的企業精神，希望企業家可以胸懷儒者的仁義道德，善用經營的才幹，使國家健全發展，發揮個人的才能。而松下電氣的創辦人松下幸之助更把這精神推進一大步，他主張宗教的目的是要消滅人間社會裡精神上的貧困，而企業的使命則是「不斷努力生產，使電器產品製造得像自來水一樣的豐富與價廉，讓人人都能買到物美價廉的電器產品，改善生活，消滅（物質上的）貧窮」。

雖然事業的成功不必然保證家庭幸福，但是把企業當作一個改善社會的手段，確實可以得到員工和社會真心的敬重，也讓一個人的人生有意義。反之，假如企業只是被用來掠奪財富，以及滿足個人貪欲和虛榮心，它帶給人的好處往往抵不過它帶給人的傷痛和厭惡。

美國夢醒

許多美國人把財富當作人生的主要追求目標或唯一目標，甚至為了追求財富而冷酷無情地踐踏親人、壓榨眾人。許多臺灣人因為受到美國的影響，也把追求財富等同於自我實現和人生的意義，並且把學位當作追求財富的第一步。但是，這樣的一條人生道路最後卻是對自我的徹底背叛，以及人生意義的落空。

「美國夢」原本是一個關乎追求自我的夢想，而不是關於發財致富的野心。這名詞的創始人詹姆斯・亞當斯（James T. Adams）說美國夢是關於：「遠方土地的夢，在那裡每一個人的生命都會變得更好、更豐富、更完整，每一個人都有相應於其能力與實踐的機會。……那並不僅僅只是一個關於汽車和高工資的夢想，而是一種社會秩序，它讓每一個男人和女人都可以充分實現他們的秉賦，並且按照他們真實的自我而被接納，而無關於他們的出身與地位。」

當美國人的祖先搭乘五月花號離開歐陸時，他們冒著生命危險遠離故鄉，為的是一個沒有宗教迫害，沒有地主和階級壓迫的新故鄉。一個十九世紀的德國移民說出許多人的心聲：「在這一塊土地上，一個人的忠實可靠和德性是他唯一的榮耀。窮人和富人是平等的，學者不會騎在工人的頭上，任何德國人都可以毫不汗顏地從事他的職業。」

但是，今天的美國夢卻已經變成是出賣自我、欺騙自我的代名詞。在奧斯卡最佳影片

《美國心玫瑰情》（*American Beauty*）裡，導演山姆・曼德斯（Sam Mendes）尖銳而坦白地戳破今日「美國夢」的假象。他極盡諷刺地把片名叫做「美國之美」，但全片從頭至尾卻都是有關當代美國夢的醜陋噁心。

從事房屋仲介的女主角Carolyn出身貧寒家庭而懷著白手致富的美國夢，她買下心目中的豪宅，依想像中上流社會的家去布置，並且在輕音樂所營造的「優雅」氣氛裡跟家人吃燭光晚餐。但是，這個中產階級的家並不幸福。她看不起事業上不算順利的丈夫，當夫妻為事業而忙碌時，女兒Jane變成一個欠缺親情的叛逆少女。一切足以象徵脫貧致富的「東西」她都有了，卻失去了初戀、新婚和女兒童年時一家的親情與歡樂。而女兒甚至在欠缺親情的環境下變成沒有自信的少女，從小兼職當保母，存錢只為長大後要隆乳。

因為渴望成功，她跟一個傑出的同業上床，卻發現這個仲介業大亨的成就只是偽裝出來的形象，而他做愛也純粹只是為了藉此發洩緊張的情緒。飾演女主角的安妮特・班寧（Annette Bening）用誇張的演技詮釋女主角的虛假與逃避自我：她每天用一再重複的自我催眠讓自己相她是女強人，她不接受失敗，用自我催眠讓自己相信成功是屬於她的。

自欺欺人的不是只有女主角和仲介業大亨，還有住在同一個社區裡的海軍陸戰隊上校Fitts。他是個同志而不敢對自己承認，希望陸戰隊的嚴厲訓練可以幫他控制心裡的渴望；他用鄙夷與蔑視來對待男同志，以遮掩自己真正的感受。他把自己對同性戀的恐懼投射到兒子身上而嚴厲地管教，也把這恐懼投射到妻子身上，使得妻子變成有強迫性潔癖的精神病人。

陸戰隊上校Fitts的兒子Ricky厭惡身周無止無盡的謊言，因此靠販賣大麻的佣金買下昂貴的錄影器材，專門拍攝各種死亡的鏡頭。因為只有死亡是不會說謊的。對他而言，儘管死亡的鏡頭往往是恐怖、醜陋的，但總比謊言更美麗。

凱文・史貝西（Kevin Spacey）飾演男主角Lester，並因此片而獲最佳男主角獎。Lester在Ricky的激勵下終於從美國夢中醒過來。他向沒有人性與感情的公司辭職，用退休金買了他一直夢想的跑車，然後到麥當勞去當最基層的店員。臨死時他終於覺悟到快樂與幸福很簡單：冬天的陽光、秋天的楓葉、躺在草地上看流星雨、老祖母溫暖的手、跟女朋友在一起嬉鬧、有一個天真活潑的女兒。所有真實的東西都很美麗，即便只是一只隨風飄舞的塑膠袋，也可以像是充滿生命般地動人。

但是，大多數美國人卻不敢擁有真實而可貴的人生，也不敢面對真實的自己。就像Jane的同學Angela（女啦啦隊長），到處吹噓她的風流史，實際上卻是個處女。Angela一語道破許多美國人心裡最深的恐懼：害怕成為自己，因為害怕成為平庸的人。

不管是否平凡，如果一個美國人不可以坦然地成為他自己，這就是對於美國立國精神的最大背叛。

財富可以毀掉一個人的幸福

迷戀財富讓美國人失去自我，而影星馬龍・白蘭度（Marlon Brando）則用他自己一生的故事向來訪的記者說：如果欠缺智慧和節制欲望的能力，過多的名利與財富可能會毀掉一個人的幸福。

馬龍・白蘭度最後一次接受媒體訪問時，是在紐約外海一個小島的豪華住宅裡。他晚年時已經幾乎是一個人隱居世外，沒有跟人往來。訪談即將結束時，他告訴記者：你們可能會羨慕我的名聲和財富，但是你們不會想要我這樣的人生。馬龍・白蘭度自己以及他的母親、妻子、情婦和子女都被情欲、酒精與毒癮所困，並有多人自殺。

馬龍・白蘭度自己共有三次結婚與三次離婚，有一男一女的婚生子女，三個私生子，和一個私生女。他的長子在家宴中槍殺異母妹妹的男朋友，使妹妹終生憂鬱後自殺。名利沒有帶給馬龍・白蘭度人生的智慧，也沒辦法教他分辨愛與情欲——他沒有能力愛家人，也沒有能力帶給家人幸福。他甚至救不了自己。

沒有能力節制欲望的人，財富愈多反而會愈不幸。好萊塢許多有名的女明星都淪陷在性與毒品之中而無法自拔，這恐怕不是偶然而是近乎必然。美食、名車、豪宅之所以可以帶給人歡樂，是因為這些欲望很少有機會被滿足。或者說，只有當它們是「難得」時才會帶給人快樂。一旦財富多到隨時都可以去滿足這些欲望時，它們就會在一再的重複中變得乏味、無聊。除非一個人在富有之後可以有物欲之外的自愉之道，或者讓他可以認同並積極投入的人生意義，否則到頭來財富所能買的就只剩下容易厭倦的刺激與興奮，而性與毒品是最後還勉強可以讓人再度亢奮的刺激。只剩下性與毒品的人生，是窮途末路而算不上幸福，更不值得羨慕。

有個朋友創辦了一家高科技公司，產品研發成功後從日本接到第一張訂單，確定可以從此年進數十億。他做的第一件事，是在晚餐時拿出兩個精裱的相框給每個兒子一份，裡面是一篇英文的新聞剪報和他親手翻譯、打字的中文對照。新聞是美國許多富二代因吸毒而橫死街頭的綜合報導與分析，文末結論是：這些富二代都「死於無聊」。然後他清楚地告訴兩個兒子：「為了讓你們可以好好上班而不要害你們，我絕對不會留一分一毫的財產給你們。」

如果一個人沒有能力引導孩子管理自己的欲望，也沒有能力啟發孩子享樂之外的人生意義，最好還是不要留給孩子超出他能力所能支配的財富。否則，過多的財富只會剝奪孩子的人生意義，並且讓他們耽溺在愈來愈乏味的欲望和刺激中，甚至淪為毒品與性的奴隸。

擁有不等於享有

今日社會富裕了，但絕大多數人卻都不幸福，因為我們誤以為擁有就是享有，而沒有體認到：真正的快樂是來自於「享有」，而非「擁有」。

兩岸三地的華人普遍地在「以命搏錢」，因為他們誤把「擁有」當作「享有」，而沒有看到另一個事實：我們擁有的愈多，享有的能力可能會愈差，以至於愈來愈不快樂。一個豪華的客廳裡擺著一套三百萬的音響，可惜放的卻是普普通通的流行音樂。這個人有億萬家財和三百萬的音響，但是他所享有的東西卻是再爛的音響都播放得出來的；他的問題不在擁有的不足，而在於享有的能力太差。很多大老闆喜歡買名畫、古董，但是美術館有更多動人的作品，他們卻沒有一件看得懂。這些人只有能力「擁有」卻沒有能力「享有」。

「享有」的能力並不等於「擁有」的能力，相反的，不擇手段地想要「擁有」的人通常沒有時間和精力去培養出「享有」的能力。一個人可以「擁有」世界上最美麗的配偶，但是他如果不懂這份柔情，就無法「享有」。一個人可以「擁有」世界上最美麗的城堡和莊園，但是他如果不懂得欣賞家人相處的情趣，就無法真正「享有」一個家的溫暖。

拜科技發展之賜，原本只有王公貴族才請得起的全世界頂尖演奏者，卻可以變成一張五百元的ＣＤ；原本只有公侯才看得到的不世名畫，竟然可以化為一張一、兩千元的複製品，而其品質幾可亂真。只要你的心靈夠敏感，在我們這個複製品發達的時代裡所能有的享受，是在十八世紀只有王族才有份，在十九世紀初也只有世襲的貴族能觸及。由於複製技術的發達，在這個時代，真正的問題不在於「擁有」，而在於「享有」。當社會愈來愈富裕時，「享有」的能力就愈來愈比「擁有」的能力更重要。

人生有很多快樂是自足的，不需要財富、掌聲或旁人羨慕的眼神。當一個人的心靈夠敏感時，荷塘夜雨聲、穿透竹林而灑落滿地的晨曦，青草的芳香與露珠的晶瑩都能讓人心曠神怡，即使是草地上不起眼的小花也能讓人驚豔、心喜。或者閱讀一本難得的好書，看到一部啟人深省的好電影，解開困惑多年的人生課題，都是所費有限而樂趣無窮。至於德蕾莎修女，她可以在服侍窮人的過程中讓絕望的人感受到愛，重新肯定自己的價值。這樣把愛當作人生最高價值的人，她永遠不覺得有任何的缺欠，也很難被不幸的際遇所擊倒。孔子說過：「飯疏食飲水，曲肱而枕之，樂亦在其中矣。不義而富且貴，於我如浮雲。」他的樂趣並不在於「飯疏食飲水，曲肱而枕之」，而是在於他有欣賞音樂與大自然的能力：「暮春者，春服既成，冠者五、六人，童子六、七人，浴乎沂，風乎舞雩，詠而歸。」

此外，友情、親情與愛情的獲得也不是靠財富或際遇，而是靠著情感的能力。由於誤把「擁有」當「享有」，臺灣人幾乎花一輩子的力氣在設法擁有一些可以讓人羨慕的東西，但是卻在過程中失去了各種獲得幸福的能力。

許多汲汲於出人頭地、賺第一桶金的人，看起來朝氣蓬勃，聰敏過人，實際上卻充滿自己意識不到的內在矛盾。表面上，他們在求學過程中「聰穎過人」；實質上，他們卻為了升學考試而犧掉人在青春期應該要培養出來的情感能力，甚至於沒空去思考任何有關人生價值或社會正義的議題。因此，他們犧牲掉生活中所有自得其樂的可能性，以及「簡單的快樂」的能力。

春天的嫵媚，秋光的亮麗，他們完全沒有感受的能力，也分享不到子女成長的喜悅。他們在工作崗位上充滿幹勁，不畏艱難；但是面對自己或親人的情感問題，卻嚴重欠缺處理能力和耐受挫折的能力。當小孩子在外頭受到委屈，他不知道如何幫小孩調解；當小孩對人生有不同的抱負或夢想時，他完全沒有能力理解；當太太抱怨生活枯燥的時候，他們難以理解；當太太逐漸在婦女成長班中發展出自己的人生目標，而不再事事倚賴他時，他突然惶恐得不知如何自處。甚至到這種節骨眼的時候，他都警覺不到一個事實：他的一切知識的有效性，僅限於與資本主義自由市場有關的範域；對於不能用金錢換取的人性事實，他不但一無所知，甚至於完全沒有任何應對的能力。在晚年的時候，他把龐大的積蓄與資產轉移給子女，卻只能在淒涼而無人聞問的獨處中，苦澀地怨嘆別人的無情與現實。但是，終其一生，他體會不到：子女的現實，是從小到大逐漸從他的身教中學會的；晚來無伴，只因為他本質上根本就是個「乏味」的人。

有能力擁有而沒有能力享有，其實是不值得羨慕的一生，但臺灣人卻很普遍地在追逐這種「以命搏錢」的人生。

要幸福喔！

年輕人彼此祝福時，很喜歡說：「要幸福喔！」這個願望聽起來很吸引人。問題是：幸福是什麼？有了自己最想要的一切就能幸福嗎？

面對人生的幸福，西方的心理學、經濟學與管理科學都太強調欲望的滿足，結果反而害人淪為欲望的奴隸，心裡永遠無法厭足。

其實，欲望之所以無法滿足，往往不是因為擁有的不夠，而是因為無法忍受被比下去時的嫉妒，或者被看不起的痛苦。但是人上永遠還有別人，如果無法終止跟別人比較，永遠都還是苦。沒有碩士學歷時為碩士學歷而苦，有了碩士學歷又為了不是公立的而苦。月薪三萬為不足支用而苦，月薪五萬為沒有豪宅而苦。即使成了臺灣首富，園區學歷較高的老闆還是會鄙夷地說東說西。想要沒人看不起你，永遠不可能。要解決這個痛苦，只能靠智慧。

在這物資充足的時代裡，人的痛苦和不幸往往來自於心靈的痛苦，而非物資匱乏所引起的痛苦。但是很多人面臨煩惱的時候，只知用工作、娛樂、毒品或性來麻痺它、壓抑它，而不願意認真去尋索化解煩惱的智慧。但是，愈是逃避煩惱、壓抑煩惱，它愈是深入潛意識而成為難以處理的恐懼。等它變成精神官能症等心理疾病，就更加難以治療。

人生的幸福是靠持續的努力和多種不同能力共同作用的結果，而非只靠賺錢的能力。我們不能沒有養活自己和家人的能力，但是人生的幸福也還需要其他的能力：節制欲望與解除煩惱的能力，尋找自己所能認同的人生意義，培養自己履踐這些人生意義的能力，以及發展自己各種自得其樂的能力——欣賞大自然、文學、藝術與歷史的能力。

如果我們把成長過程所有的心力都拿來追逐財富，我們將會沒有剩餘的心力去發展攸關人生幸福的能力。這樣的一生表面上看起來亮麗，其實卻不見得真有意義，不見得值得追求。

年輕人彼此祝福時，很喜歡說：「要幸福喔！」

這個願望聽起來很吸引人。問題是：幸福是什麼？

有了自己最想要的一切就能幸福嗎？

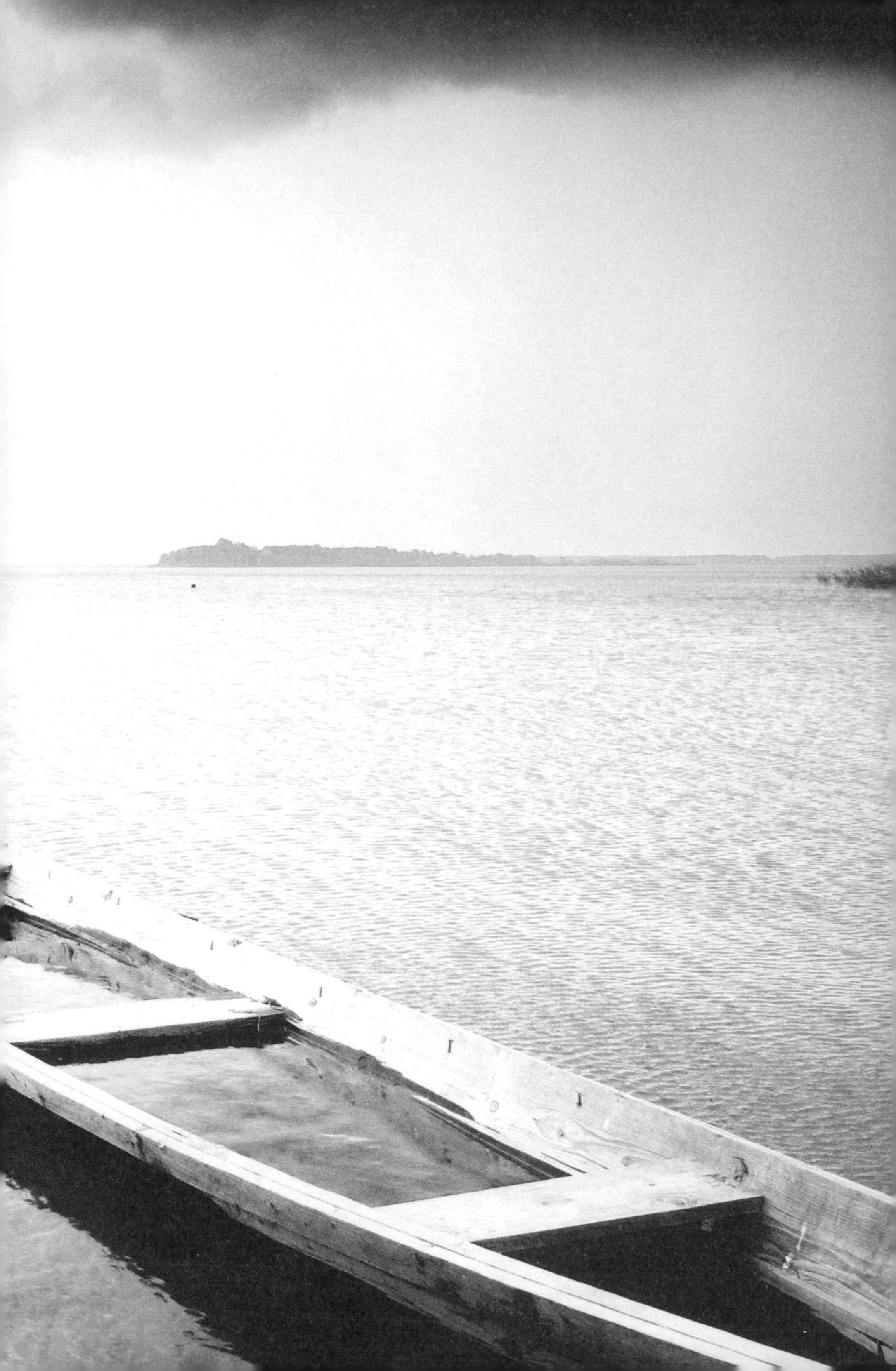

第二部

學業、志業與職業

人活著，必須面對五大課題。首先，要有足夠的財富來緩解生理的痛苦，與物質條件所引起的屈辱。其次，要有能力追求精神上的快樂與滿足，以及解除心理與精神上的痛苦與煩惱。這兩種能力無法從財富衍生，必須要另外想辦法培養。此外，我們必須從事有意義的活動，才能藉此肯定自我，並滿足意義感的需要。最後，天有不測風雲，人還必須要有面對困境與承擔厄運的能力。

教育的目的是要培養一個人自我發現與自我完成的能力，以便讓我們有能力面對上述的人生五大課題。因此，受教育的目的不僅僅只是為了賺錢養活自己和家人，同時也是為了要學習愛人與被愛的能力。尤其在大學與研究所，更是培養人文素養、充實自我、探索人生意義的重要階段；而解脫煩惱與痛苦的能力，以及和命運共處的能力，則是每一個人一生的修行。

同樣的，職業可以只是滿足我們賺錢養活自己和家人的需要，但也有機會在工作的過程中滿足我們一部分自我實現的需要，以及人生的意義，而使職業變成一種「志業」。

在這產業劇烈變遷的時代裡，如何兼顧在校期間的課業與自我成長，以及個人在職場上的永續就業與個人胸襟、視野的持續發展，並非容易的事。尤其是面對著國內外博士生過剩，而高學歷人口失業潮隨時可能會來的窘境，留學、壯遊，以及如何用文科的博、碩士學位去找到第一份工作，都讓很多年輕人深感困惑。

這一部從不同的角度切入學業、志業與職業的各種議題，希望有助於在學與剛畢業的年輕人找到適合自己的抉擇。

Unit 7

大學教育的視野與格局

以前的大學生把社團和愛情當作跟課業同等重要的學分，因為好的男孩和女孩往往在大學裡就變成了死會，而社團活動則可以培養分工合作、人際互動，以及領導能力等職場所需要的「軟實力」，還有很多人是在社團裡認識一輩子最要好的朋友。除此之外，大學校園裡課堂內外的各種討論與聊天，也往往是一個人探索各種人生價值，以及認識自我的重要場域。由此可見，大學是人生最關鍵的階段——高中生是青澀的少年，經過大學的化育，蛹將成蝶，帶著心愛的伴侶一起共赴人生旅途，分享生命的酸甜甘苦。

可惜的是，很多人急於用學業成績證明自己的專業實力，以便一出校園就在職場卡到最好的起跑點，卻因而忘記：大學並非僅僅只是培養就業技能的地方，她還可以讓我們培養第三章與第四章所提到的攸關幸福的多元能力。

當比爾・蓋茲與賈伯斯回顧他們超短的大學生涯時，都發現自己的成功有一部分來自於大學時的「無心插柳柳成蔭」。比爾・蓋茲說他「常坐在一些我根本沒選修的課堂上」，「哈佛教會我許多經濟與政治的新觀念，也讓我在科學新知上獲益良多。」賈伯斯說蘋果電腦的字體是他旁聽一堂美術體字的結果。然而他們年輕時也都太急功近利，而錯過了許多大學校園可以給他們的精神滋養：比爾‧蓋茲離開哈佛時不知道這世界上有比賺錢更重要的問題，也似乎沒學會傾聽各領域專家的意見，因而退休後的「慈善」作為遭遇到許多嚴厲的批判；而賈伯斯則沒有學到面對生死的智慧，急病亂投醫地誤過了治病的良機。

而清華、交大畢業生流行的「文科女＋理工男」的婚姻模式，則培養出許多沒有能力解決夫妻感情的婚姻，以及許多對人生感到茫然的科技新貴。

話說回來，要兼顧課業、愛情與社團已經很難，若要再想兼顧人生價值與自我的探索，似乎很像是癡人說夢。然而如果懂得善用大學資源與取捨的訣竅，其實並不難達成。

奠定一輩子所需要的多元能力

由於經濟的知識化與廣設大學，念碩士的人越來越多；再加上少子化的趨勢，使得碩士班幾乎是想念就可以念，升學率接近百分之百。大學與碩士班愈來愈像是六年制的直達車，因而它們在一個人的人生中所扮演的角色也就更形重要。

另一方面，如果妥善規劃這「四年＋二年」的學習歷程與目標，就可以把大學的學習重點擺在廣泛地培養一輩子所需要的多元能力，至於專業能力可以利用碩士期間強化。如果還能善用寒暑假的時間，以及通識教育與跨所系的資源，就會覺得時間更加寬裕。

可惜的是，由於甄試已經是碩士班主要的入學管道，而在校成績對甄試的影響又很大，因此許多大學生選課時的首要考量是成績是否給得甜，自己的興趣和老師的教學品質反而位居其次；甚至還有成績優異的學生考試作弊，想要藉著一紙成績單在畢業後轉往更熱門的學校和研究所。懷著這種心態去學習，結果恰恰跟職場與人生的需要背道而馳。

未來職場需要跨領域對話、廣闊的視野，以及對於原理的深入掌握和靈活運用能力；至於零碎枝節的知識，則隨時可以翻閱課本、電子書或上網查索。因此，老師的教學越深入，對自己的思想啟迪越顯著，越有助於未來碩士班的研究與職場上的專業表現。反之，給分甜的老師往往太想討好學生，上課內容與考題深度都很「平易近人」，鮮少能帶給學生深刻的啟發。而且太在乎成績的結果，往往把許多時間浪費在知識細節上，還養成「謹小慎微」的僵硬思考模式；至於把通識課程當營養學分，則無形中讓自己的視野變得很狹隘。這樣的學生在碩士班甄試時或許會賺到一點便宜，代價卻是難以適應快速變遷且具有高度不確定性的職場——恰恰為「因小失大」做了最佳的註解。

其實，好的通識教育不僅可以培養大學生未來跨領域對話的能力，還可以藉著相關課程去思索人生的意義、價值的抉擇、兩性互動，以及婚姻與愛情的課題。如果沒有在大學期間對這些課題有基本的認識，並且奠定下未來持續閱讀與思索的能力，就很難在壓力更沉重的碩士班期間或就業後去補修這一塊的學分。

此外，跨領域溝通的能力不必然要靠讀書或修課，聊天往往是培養這種能力的好起點。譬如，你可以養成在學校自助餐廳裡找人聊天的習慣，只要找到願意邊吃邊跟你聊的外系學生，就問他們：「你們系在培養哪些種類的專長？」「你們系最有趣的是什麼課？它們有趣在哪裡？」「你們系上最叫座的老師有誰？他們教什麼？」諸如此類的問題。如果每週找兩個人聊，一個學期至少有十六週，四年下來至少跟兩百五十六個人聊過，足以讓你對許多系有概略的瞭解。如果再從這些資訊中篩選出幾門最有趣或最能啟發思想的課，試著去旁聽，收穫可能會更豐富。

其實通識教育和各種場合裡正式、非正式的跨領域對話，都只不過是打開視野的起點，如果善用寒暑假的時間延伸閱讀相關的書籍，不但可以進一步擴大、加深跨領域對話、思索的能力，也同時是在培養、深化自己終身學習的能力，一舉數得。

至於專業的課程，與其每一門課都成績亮麗而沒有一門課曾經深入思索過，還不如每一門課都過得去，但是有一、兩門盡可能深入鑽研——只有徹底通透地鑽研過一、兩門課之後，才會知道「做學問」的境界跟「讀書」的境界相去有多遠；而且一旦領會過「做學問」的方法和層次，就可以用它來鑽研其他學問。

其實，臺灣的教育與考試都太注重知識的傳授、吸收與應用，鮮少有大學生體會過「做學問」的方法和滋味。以理工學院的課程為例，大家幾乎都只是讀懂課本內容後，靠著大量做習題來熟悉知識的運用技巧，並且以為這就是做學問的方法。其實，這只不過是學到理工課程的皮毛。要體會什麼叫「演繹系統」的學問，就要自己把課本的知識進一步探究，直到有能力找出整本書最基礎的假設條件與定理，並且從最少的基本定理出發，自己演繹出整本書的內容，這才算是「讀透紙背」。接著，還要去思索，每一條基本假設在未來各種實際的應用條件下，會跟現實世界有哪些差異，差異多大，可能會使理論跟實際狀況有多大出入，以及該如何因應這種出入，這樣才算是掌握到一門學問的精髓，並且有能力精準活用該學問。為了鼓勵年輕人挑戰這種高難度、高層次的讀書能力，我曾在「清大彭明輝的部落格」裡發表過〈讀書的境界與層級〉，詳細介紹這種讀書能力的培養過程，有興趣的讀者不妨一試。

至於研究所的甄試，如果可以提出一份具有吸引力的研究計畫，並且在兩、三門高年級的專業課程裡有傑出的成績，往往就可以抵得上一份名列前茅的成績單。因為，碩士班的招生重視的是你的研究能力，而不是你大學時的修課能力，兩者之間差異懸殊。想要瞭解做研究所需要的能力，以及如何撰寫一份具有吸引力的研究計畫，可以參考我寫的《研究生完全求生手冊》，不再贅言。

此外，如果甄試結果不理想，參加碩士班入學考試還是很值得考慮的選擇。因為準備碩士班入學考試的過程有機會讓你進一步提升自己的專業學習層次（參見〈讀書的境界與層級〉

一文），絕非浪費時間。其實，與其為了甄試入學的成功而犧牲掉其他能力的培養，我寧可選擇碩士班入學考試和一張不太出色的成績，以便在大學四年培養出寬廣的終身學習能力。

學歷不如能力

人生需要很多種能力，而不只是在職場上成功的能力；同樣的，職場上所需要的能力很多元，有些表現在高科技的研發工作，有些表現在財務分析，有些表現在領導統御，有些表現在化解內部糾紛的人際能力，有些表現在對外談判的溝通能力。這些能力彼此不相含攝，其中一種能力超強，不保證其他能力也不弱。就是因為人的能力有很多種，所以一個公司需要許多種人才，彼此相輔相成。

很多人都熟知嚴長壽的故事，他高中畢業後，一路從小弟做到美國運通總經理與亞都飯店總裁，一方面是靠他的勤奮，另一方面也靠他的精明、幹練。吳念真家境不好而在初中輟學，當過店員、送貨員、藥劑生、圖書館管理員，在夜間部念完高中和大學。後來成為小說和劇本作家，以及電影和廣告片的導演與製作。最適合吳念真的頭銜可能是「臺灣最會講故事的歐吉桑」。被我們籠統稱為「聰明」的能力細分起來其實有許多種，像嚴長壽的踏實、精明與幹練截然不同於吳念真的古靈精怪，而這兩種能力又截然不同於升學考試所要檢測的那種能力。

人的能力有多少種，一個人在事業上成功的模式就有多少種。其實，臺灣社會所需要的人才一直都遠比學校成績所願意肯定的更多元，而近年來市場的多樣性還遠比以前更上層樓，使得更多種人的特質有機會在市場上淋漓盡致地發揮以及被肯定。

因此，傳統上大學生除了重視本科的功課之外，也會希望藉由社團活動去探索與發展自己在專業領域之外的其他能力。

此外，不同的人有不同的學習模式，有些人任何書都隨時可以念下去，不需要任何相關的第一手經驗就可以從書本中去學習。不過，有些人不能適應這種學習模式，一定要先動手摸過，親自經歷，知道為什麼要學，以及學了以後要用到哪裡，才能開始學習；有些人甚至一定要邊做邊學，或者從做中學。

為了適應這兩種不同人的典型學習模式，歐洲的國家都有兩個平行的高等教育系統：科技大學與普通大學——前者強調理論與應用的結合，以及邊做邊學；後者強調抽象思維，以及開發新思想、理論與知識。兩者的共通點是：它們都強調有系統的學習、推理與活用，也都注重個人化的差異。

這兩種學習模式都有機會發揮創意，也都有機會在社會上有同等（而不相同）的傑出表現——一個是抽象的理論思考，一個是具體實用的發明。適性發展才是成功的道路，但是在文憑主義盛行的臺灣社會裡，很多適合念科技大學的人卻偏要去擠普通大學，這往往造成教育資源的浪費，以及個人成長的扭曲。

根據媒體的調查，在二〇〇九到二〇一一年這三年內企業最愛大學生的排行榜裡，前五名還是臺、成、清、交和政大，但是臺科大、北科大和淡江、逢甲的排行榜都高於中央、中正、中興與臺北大學，而在二〇一一年更超過中山大學。此外，二〇一一年的排行榜裡，高雄應用科大、雲科大、南臺科大、高雄第一科大、臺中技術學院、高雄餐旅學院這六所科技大學則名列第二十一至三十名之間。這個讓很多人多少有點意外的排行透露著一個訊息：產業所需要的人才是多元的，而不是由考試成績標定出來的單一價值。

在這樣的就業市場裡，與其大家都去擠名校，不如找到適合自己學習、發展的學校；與其空有學歷和文憑，不如有突出的特殊性格或能力。

別把大學念小了

在這個文憑貶值而能力重於學歷的時代裡，每一個人除了要善用學校的資源去培養自己在職場上的各種能力，更要善用學校的資源去思索什麼是愛情和人生的幸福，也努力培養攸關人生幸福的其他能力。

人生的幸福是靠持續的努力和多種不同能力共同作用的結果，而非只靠收入或職場的成就就能有功。人需要一點外在的肯定來建立自信，需要在職場上的成功來養活自己和家人，也需要跟家人互動的能力來建立溫暖的家，還需要有一些自得其樂的能力來欣賞大自然、文學與藝術，以便在精神上獲得滿足。此外，還要有人生哲學來協助自己解除沒必要的痛苦和煩惱，並且看見自己的人生意義與價值。

有些人誤把升學過程和職場的勝利當作是人生的全部，從小就犧牲一切人格成長所需要的時間與心靈空間而埋首書堆，上了大學更急著要靠名校的頭銜和亮麗的成績單進入最熱門的公司，在三十歲以前賺下第一桶金，並且把這一堆叫做生涯規劃與自我實現。結果，除了賺錢的能力之外，其他一切的能力都失去了，甚至因為太驕傲而欠缺與人溝通的能力，結果還反而在職場上得罪一大堆人而終於抑鬱不得志，那就更加不值得了。

其實，職場與人生都需要多元的能力，而今天大學所能提供的課程內容也遠比以往更多元化：通識課程與跨所系的課程可以引導學生去探索兩性關係、社會與政治的運作原理、自我探索與情緒管理，以及藝術欣賞與人生哲學等，乃至於金融、投資與媒體分析。

念大學不可以被科系的藩籬所限，更不可以自我設限。不需要因為念的是機械就不去碰文學與會計，也不要以為自己成績不好就一定沒有前途。不要給自己設限，永遠不放棄尋找自己可以發揮的機會。此外，大學也提供我們許多種課堂以外的學習機會，透過社團以及跟不同科系學生的互動，乃至於暑假打工、實習的機會，去探索各種屬於自己的可能性。

而大學與碩士班期間更是探究人生意義的最佳時期。高中時心智不夠成熟，頂多當一個情感豐富的文藝青年，對人生的意義頂多只能有懵懂的啟蒙，而很難更加深入；離開學校之後，很多人都很快地要成家立業，接著扛起一家重任。因此，你在大學與碩士期間能對人生各種值得追求的領域、意義與價值有多少的體會，往往也就決定了你這一生的胸襟氣度與人生的格局。我畢業四十年了，見到大學時代的朋友，很少人能超出他們當時的格局。

探索人生的各種意義與價值，印象最深而效果最大的莫過於親自接觸各種大師的生命丰采。而大學最可貴的地方就是她有各種不同特質與人格風範的學者，引導年輕人去探索各種社會與人生的角度，讓年輕人可以在這環境裡尋索最讓自己嚮往，或是和自己的稟賦最相親和的發展方向，從而打開自己的人生視野，看見值得自己追求的方向。

這些可以讓人醍醐灌頂的大師不見得都在你自己的系上，不管他們是在哪一個系、哪一個學校，只要覺得傳聞可信，就該去親身一試。如果大學四年加碩士兩年都不曾跨越系所門牆去學習，那可真是把大學給念小了。

打開自己的人生格局和視野

我常跟年輕人說：大學的學習三分之一靠老師，三分之一靠同學，三分之一靠自己。老師對人的啟發毋庸再論，同學的相互啟發、淬礪卻往往被人忽略。

不管是科技或者人文的領域，本科系或者課外的學習，老師扮演的角色主要是向我們展示值得學習的內容、方向與最後的境界，但是上課時間有限，不足以替我們鉅細靡遺地鋪陳學習過程的所有細節。聽完課回家，或者自己閱讀書本時，總會有些細節模糊或連結不起來，甚至卡在那裡就再也過不去，這時候同學是最好的助力。

每一個人在年輕時都有敏感與不敏感的東西，所有成熟的智慧對我們來講往往都太難，我們幾乎只有對自己極端敏感的東西才有機會感受到一點點。就像我大學的時代，因為個性開朗而常常讀不懂杜斯妥也夫斯基（Fjodor M. Dostojewski，一八二一－一八八一）的作品。他的小說《窮人》裡講那種很溫暖的感情與愛情，我一讀就讀進去；可是他的《地下室手記》我讀沒幾頁就放手了，真的受不了那種病態、惡心的東西。後來跟一位社團的學長住在一起，他有個性上比較壓抑的部分，為了想走出那個壓抑，所以他去念心理學。在我們當室友的交往過程中，我從具體跟這樣的人生活在一起而慢慢瞭解到人的壓抑與自卑，又聽了他很多的自白和心得，才開始懂得人內心無可奈何的那一面裡，也有它很深刻的東西。我先是透過密切的交往來認識這個朋友，再藉由認識這個人來找到認識杜斯妥也夫斯基的一個入口。我靠自己本來的個性與敏感性讀懂《窮人》，但卻要靠我對這個朋友的認識才學會去讀《地下室手記》。杜斯妥也夫斯基作品中人的狂熱與陰鬱猶如人性中的陰陽兩面，一方面是極端熱切的宗教情感與內在力量，一方面是自我衝突、扭曲乃至於自毀的力量，對這兩個力量都有瞭解的能力之後，我才在大學畢業後有能力讀懂杜斯妥也夫斯基。

有時候會被問到某一本書我是什麼時候讀懂的，想起來好像都是畢業後才讀懂。再更仔細去想，第一次讀它好像是大學的時候，只是當時並沒有讀懂。可是大學時期最重要的不是讀懂很多書，大學的重要性在於它是一個關鍵性的發展過程，我是在大學期間找到自己與東、西人文世界對話的基礎。開始的時候我與中西文化可以接軌、對話的部分僅限於自己最敏感的極狹隘範圍；然後靠著跟朋友的對話，學到一些他們遠比我敏感的東西，使你有辦法在大學四年中一再擴大自己可以有感受的領域。所以大學四年這樣一個和朋友交往的過程，擴大了我的閱讀領域，累積了畢業後自己繼續在整個人文世界進一步發展的重要根基。

因為我所有的學習都是以自己的生命史與生活經驗為基礎，去跟中西文化史對話，以及靠著朋友對我的啟迪來擴大自己對生活與生命的感受範圍，所以我後來累積的人文素養都有屬於自己的生命根基，而不是浮沙建塔，硬靠書本死讀堆積起來的空中樓閣。後來我有機會和人文與社會科學領域的人交往，就發現我與這些朋友有一個非常大的差別：我談的東西都和自己生命的某一個地方有非常緊密的連結，他們談話卻常常像背書。讓他講傅柯（Michel Foucault，一九二六—一九八四）、講康德（Immanuel Kant，一七二四—一八〇四），他講得天花亂墜；如果不准講書，他就不知道還可以談什麼了。可是我不一樣，我可以把所有的先哲都丟到旁邊，然後憑自己的生命累積談哲學、談文學、談社會。如果我不曾經歷大學四年那樣自己讀書，又有各種朋友相互激發、淬礪，就不可能發展出今天這樣踏實而又寬闊的人生視野，以及跨越各種學術領域的思考架構。

所以，我覺得在大學裡面有三個東西都是個人成長上不可或缺的：首先是自己閱讀各種書，並且逐漸培養出跨領域閱讀深奧書籍的自修能力；其次是在朋友的陪伴下走過青澀的自我摸索階段，去尋找知識跟你這個人的關聯，也靠著朋友幫忙把你不敏感的地方逐漸變成可以敏感的領域；最後則是看到一些老師的丰采，從中看見值得憧憬的人生，值得效法的風範，以及一些值得堅持與追求的理想。

結語

我常看見年輕人浪擲時間、在大學裡任意揮霍時間，把這叫做「青春不留白」。假如大學四年加碩士兩年只換來歡樂的記憶，而沒有累積出可以幫自己打開人生格局的觀念與視野，或者人文素養、情感能力與人生的智慧，一旦青春消逝，將只留下逐漸褪色的記憶，這樣的大學生活實在很可惜。

很多人離開大學時只得到賺錢的能力，而沒有能力維繫自己的婚姻，也沒有能力處理自己的親子關係，甚至妻離子散之後，還是不知道人間存在有避免這些悲劇的智慧，更別說是知道去哪裡尋求這些智慧了。這樣念大學，真是浪費了大學寬廣而近乎無限的寶貴資源！

人生的幸福是靠持續的努力和多種不同能力共同作用的結果，
而非只靠收入或職場的成就就能有功。

Unit 8

留學的三個理由

我從大學畢業的那一年起就決定從此以後只為自己的成長而念書，再也不要為了餬口謀生而念別人要我念的書。因為大學時自己打過自修的基礎，而且在哲學的學習上有一位自己心服的老師，所以我根本沒有出國念書的打算。後來因為想要以教書為業，而工學院畢業的人當時不能教中小學與高職，只能拿著碩士學位去教工專，因此念了碩士。碩士畢業後意外地留在清大當講師，自己找研究題目，自己寫論文發表，並且找時間繼續思索自己的哲學問題與人類文明發展的議題。

這樣的生活很充實，又可以跟一家人安定地生活在一起，因此不管先父如何勸誘，長輩如何督促，我都不肯出國。

其實，我從小就有自修能力，小學三年級就開始替老師講解數學應用題，高中時人在課堂心在窗外整整三年，大學蹺課蹺了四年。我一向靠自己讀書，根本不相信有任何非得要出國不可的理由。

先父出身貧寒，小學沒畢業就出外打工養家，一身學問全是一邊工作一邊自修的。所以我也從小就養成自修的習慣，一直以為自修乃是學習的常態。大學一年級時念史賓格勒（Oswald Spengler，一八八〇－一九三六）《西方的沒落》（*Der Untergang des Abendlandes*），裡面把整套西方文化史當基礎常識在應用，連專攻西方文化史的學者都頭痛。為了讀懂它，我花了三年斷斷續續去念西方建築史、數學發展史、思想史，和威爾．杜蘭（Will Durant，一八八五－一九八一）的《世界文明史》（*The Story of Civilization*）。到大四的時候，再回去重念《西方的沒落》。我是那種可以花四年把一本好書讀五至十遍，另外讀數十本參考書，這樣去搞懂一本書的人。

此外，臺灣是個獨特的地方：她既有豐富的中原文化傳承和經典文獻，也有大量的西方經典作品。不只英文翻譯書多，中文翻譯的經典名著更多。

既然一向靠自己讀書，臺灣的西方經典又多到我一輩子都念不完，為什麼還要出國才能念書？

但是，當我被迫出國完成學位之後，我卻經常鼓勵自己的孩子出國。我給了他們三個出國的理由：出國是幫助自己看見自己能力的極限，其次是利用出國的機會瞭解書本和媒體傳播所無法傳達的異文化精神，第三則是利用異文化的衝突與反思來打破自己從社會上因襲的各種成見，讓自己從更寬廣的胸襟與視野來看待人生與社會，知道活著有哪些最值得珍惜與追求的事物。但是，我也要求他們一個態度：念博士是為了成全自己，而不是為了滿足虛榮心或找到更好的職業；如果有一天因為念了博士而更難找到工作，絕對不能因此而後悔。

出國的第一個理由：看見自己能力的極限

我在新竹中學三年，記憶最深刻的是第一次跑後山三千公尺的越野長跑。我一向是個文弱書生，從來都不運動。平時當樂隊，可以不參加越野長跑的訓練。一下子突然跑三千公尺，而且後半段是上上下下的山坡路，卻還規定要在三十分鐘內跑完全程，對我根本就是不可能。我跑到上山的地方就不行了，大腿僵硬到根本提不起來，簡直像是在腿上綁著千斤沙袋（長跑的人跟我說這叫「撞牆」）；卻因為怕來不及在三十分鐘內跑完，只好繼續靠意志力艱苦地跑下去。大概又過了五分鐘，腳好像麻木一樣，失去感覺，也不再酸痛，竟然可以加快腳步繼續跑完上坡與下坡的後半程。從此以後我知道一件事：人的潛力往往遠比他所能知道的還更大，要事到臨頭才會被擠壓出來。

不過，後來我再也沒有過這種經驗，直到去劍橋。

指導教授給我的研究題目純屬理論的分析與證明，不需要跑程式也不需要做實驗。他的指示很清楚：一年內搞清楚這問題過去所有的爭論，並且提出可以突破既有瓶頸的研究方向與初步構想，兩年內開始產出可以發表的研究成果。他跟一位柏克萊電機系教授在這問題上已經爭訟十數年而無法解決，卻要我在一年內想出解法，壓力之大可想而知。因為壓力太大，我整天思緒不斷，連睡覺和煮飯時都在想。我每天煮飯，因為只有在切菜時會怕切到手指頭而稍微緩一下思緒，勉強算是休息。

最誇張的一次是累得睡著了，卻夢見這個問題的解法，然後在夢中跟自己講：「趕快醒來！」於是半睡半醒地爬起來，寫下腦袋裡的方程式，又累得回到床上，卻在夢裡接下去推導公式，再把自己叫起來。就這樣子一夜起來七、八次，直到第二天過了中午才真正勉強爬起來去洗臉。我還來不及吃飯就趕快去看昨天寫的東西，緊張到心臟都快跳出來了。雖然一夜半睡半醒寫下來的東西有許多小錯，但每一行看起來邏輯上都是對的，如果一直都這樣下去，這個學術界纏訟數十年的問題就即將要有解了！

結果……真的是對的！一個晚上的半睡半醒，竟然把累積了三個月的線索和思緒全部整合起來，勾勒出完整的解題程序！我胡亂吃過東西，又倒頭回去睡了一場大覺，睡掉三個月來不眠不休的疲倦，也因為我需要一個極端清晰、流暢的腦袋，才能夠毫無差錯地把已經勾勒好的解題程序一步一步地核驗，並重新寫下來。

這一場大挑戰給了我第一個出國的理由：看見自己的潛力。這個題目是英美兩個最頂尖的大師爭訟十數年解不了的問題，如果不是指導教授的要求，我沒那個膽量挑戰這樣高難度的問題；如果是在臺灣，我太清楚該如何跟老師互動，總想得出辦法換一個可以輕鬆畢業的題目。

還沒去劍橋時，只知道陳之藩的書裡說：念劍橋的都是天才（雖然後來發現那已非事實），因而怕自己畢不了業。我對英國人的脾氣又欠缺瞭解，根本不知道該如何婉轉措辭來探測老師的底線，因此根本不知道做到哪裡才會讓他滿意，只能完全不保留任何餘力地拚命衝刺。

三個月完成指導教授原以為可以做三年的題目，接下來卻發現這問題的複雜度只夠當一篇期刊論文，還不夠當劍橋的博士論文。我回系上去找老師，他已經去歐陸公務旅行，還要三個月才會回來。於是我有了一個月的哲學假期，跑到哲學系去聽了整整一個月的康德和維根斯坦（Ludwig Wittgenstein，一八八九－一九五一），又跑去聽哲學系博士生自己辦的定期研討會。

一個月過後，老師還是沒回來。但也不能一直空耗地等下去，只好自己從頭想了一個題目和研究策略。兩個月後教授回來了，我拿出針對第一個題目寫好的論文給他，又跟他報告新的題目和初步研究成果。從此以後我每個月只能見他十分鐘，因為他說我已經在「自轉的軌道」上了。畢業前我又自己解決了兩個難度相當高的問題。我也曾問自己：在劍橋的研究都是自己完成的，後來連題目都是自己想的，真的還有出國的必要嗎？

我的回答：是！若非劍橋之行，我不會有那個膽識挑戰高難度的核心問題。若非劍橋之行，我不會有機會從歐陸訪問學者那裡知道歐陸的年輕人怎麼念哲學。而且，若非劍橋之行，我不會知道臺灣人原來這麼行！

這種膽識與潛力的激發，跟當兵或上班大大地不一樣。上班往往只是被操到爆，有機會超出體力的極限，卻很難超出舊有的思想層次。我給兒女的第一個出國理由就是：不一定要拿到學位，但是要給自己一個機會，藉著大師的指導（可遇不可求）或要求（通常跑不掉），在思考能力與思想層次上超越自己，把自己拉抬到能力的極限。

在我的教書生涯裡，找我念博士的學生很多，但是我的第一優先都是鼓勵他們出國。我的理由是：絕大多數臺灣的博士生就是外務太多，太懂得跟老師撒嬌或賴皮，很難真的毫無保留地做研究。

只有離開臺灣這個熟悉的環境，以及被扭曲的學術風氣，出國去一流大學，你才有機會知道自己能力的極限，以及學術研究的本意。當然，我也會提醒出國的學生：如果出國還找中國學生多的指導教授，那也沒太大意義，還是可以從學長那裡知道老師的脾氣和畢業的底線，不會真的去挑戰自己的極限。

出國的第二個理由：去看看外國的文化

我鼓勵兒女出國，第二個理由是去看看外國的文化，瞭解自己在臺灣看不到的面向。但是，不是去看倫敦的雙層巴士或哈羅德百貨（Harrods），那些東西電視上就看得到。出國，最好的禮物當然是去看電視上看不到，在臺灣學不到，甚至連自助旅遊都體會不到的東西，才是最值得的。

但是，在我出國之前，其實我完全想像不出來有什麼重要的學問是我在臺灣學不到的。我出國前清華大學曾經邀請一批美國最出色的華人學者回來演講。我很想知道這些人是否有一些我在國內學不到的本事，所以剛開始時每場演講都到，演講結束時都問三個問題。很可惜，兩位聲譽斐然的學者都被我的問題難倒。第三位是普林斯頓高等研究所的數理邏輯大師王浩，他講的是數學天才庫爾特・哥德爾（Kurt Gödel，一九〇六－一九七八）的哲學思想。王浩算是我認識的華人哲學工作者中學養最傑出的，我也對他的演講非常欽服。但是我曾經花了很多年時間從語言哲學的角度研究數學的詭論和葛特爾證明（Godel's Proof），因此提出來的三個問題也難倒王浩。這更讓我覺得：讀書畢竟還是要靠自己，出國只不過拿個頭銜，看不出有何非要不可的理由。

被迫出國之後，我選擇了英國，因為那裡最接近德國和法國。我原本只是希望去看原畫，看建築，卻沒想到最後的收穫遠遠超過於此，我第一次從可以一起生活、交往的人身上感受到歐陸的學術傳統。

劍橋有很多學院，我挑的學院專收研究生（沒有大學生）和訪問學人，因此有很多機會接觸歐陸來的學者。其中一位來自瑞典的理察（Richard），按德國學制的精神主修哲學和文學，曾經到巴黎跟過德希達（Jacques Derrida，一九三〇—二〇〇四）一年，到劍橋來是研究渥茲華斯（William Wordsworth，一七七〇—一八五〇）的美學思想。另外一位來自冰島，吃飯時總是拿著一本美學評論，讀起哲學的專業雜誌就像在讀《時報週刊》那麼輕鬆。還有一位現在任教劍橋的英國朋友，研究的是拉丁美洲的文學與電影。把三個朋友拿在一起比，就可以看到歐陸（尤其是德國系）的學術傳統跟英國迥然不同。

英國鼓勵大學生專注於一個領域去深入，較少鼓勵學生旁通。但是理察的學習過程就讓我很羨慕。

瑞典的文科學術傳統承襲自德國，他們除了重視專業的領域，也重視相關學門的旁通。而且，他們的年輕人遠比我們幸福：他們的美術史與建築史是在歐陸各國看原作，音樂史是在各國的戶外音樂會上聆賞，而文學史則是邊讀書邊看著城市和人們的身影、表情。二十六歲以下的年輕人只要買一張廉價的歐洲青年卡（一九八七年時一張只要臺幣五千元），就可以不限次數地在歐陸搭乘飛機之外的一切交通工具，包括火車、跨城市的國道車、市區公車與捷運，以及輪船。因此，理察的暑假通常是糾集七、八個同好一起旅行，晚上睡臥鋪車、青年旅館或者在公園搭帳蓬，食物來自大賣場或超商。他習慣於跟不同科系背景的朋友一起旅行，大家一起規劃行程，在前往下一個城市的火車上或夜裡，音樂系的朋友講授跟下一個城市有關的音樂史，美術系的朋友講美術，每一個人都以自己專長的知識貢獻給這個小小旅行團。理工學院的學生也常常攙雜在這些小旅行團裡，介紹跟各個城市有關的偉大科學革命。

這讓我想起出國前讀的海森堡回憶錄《物理與超越：挑戰與對話》（*Physics and Beyond：Encounters and Conversations*），物理學家海森堡高中時經常躺在穀倉上讀柏拉圖，而且彈得一手好鋼琴。有一次去訪問一位音樂系的朋友，被朋友的媽媽發現他的音樂造詣甚至高於自己兒子，因而問他：「你為何捨棄音樂的天分，而去念物理？」他回答：「因為那裡正在進行一場思想的革命。」愛因斯坦在一九〇五年發明相對論之前，跟朋友組織了一個「奧林匹亞科學院」，每晚聚在一起研究斯賓諾莎（Baruch de Spinoza，一六三二－一六七七）、休姆（David Hume，一七一一－一七七六）、康德、馬赫（Ernst Mach，一八三八－一九一六）和波恩卡列（Henri Poincaré，一八五四－一九一二）等人的哲學著作，希望藉此重新認識當時物理學界一系列無法解釋的現象。對物理黃金年代（一九三〇年代）的那些人而言，不僅人文科系間沒有門牆與藩籬，理工與人文之間也是沒有國界。

跟歐陸朋友的互動讓我逐漸感受到歐陸學術傳承的獨特性：他們連藝術創作者也會因為物理革命的衝擊而勇敢地開創全新的風格。愛因斯坦發表相對論之後，三十九歲的康丁斯基（Wassily Kandinsky，一八六六－一九四四）受到震撼而宣布了古典美術的結束和繪畫革命的開始，而當時年僅二十三歲的史特拉汶斯基（Igor Stravinsky，一八八二－一九七一）則準備要掙脫古典音樂的束縛，開啟無調音樂的全新領域。

去了劍橋，我才體會到：大學之所以大，就是因為它提供我們一個全人、全方位的廣闊成長空間，一切有益於開展生命格局的發展都成為可能。假如我們進了大學卻只學到一個科系最基礎的皮毛，真的很可惜！但是，要看見這樣的大格局，恐怕還是要出國才有可能，我在臺灣從來沒有遇見過這樣的學術社群。

臺灣不僅沒有跨領域的學術社群，而且已經積非成是，很多人會一口咬定跨領域學習的人是「在本業上一定很混」。仔細看看臺灣的學界，我聽過的「科技與人文的對話」確實都屬鬼扯，跨領域的學習與對話確實都是膚淺的炫耀表面知識，或者媒體吹捧的學術神棍。不出國去見識真正的大師，的確很難相信有嚴肅、扎實的跨領域學術。

出國的第三個理由：見識真正認真思考文化問題的人

一個年輕人問我：真有必要出國嗎？我給了他第三個出國的理由：在國內靠書本瞭解歐洲文化，總是欠缺那麼一點真實的人味，太蒼白、抽象而沒有血色。等到出國，見到那些真正認真在思考文化問題的人，瞭解他們的學術問題如何連結到他們的生活與情感，這才會真正感受到歐洲文化原來是有血有肉，而不再是只有單薄的骨架。

出國前我就已經對西方文化有許多的瞭解，熟讀許多人的小說，一些經典的哲學著作，也從清大圖書館的畫冊裡熟悉他們的美術史，從錄音帶裡熟悉他們的古典音樂。但是到了英國才發現：他們寫出來的只是冰山一角，跟較熟的朋友互動時有另一套學術著作裡看不到的東西。這才知道文化不只是著作，而是從著作到生活一氣呵成的。

出國前就知道英國人的保守與拘謹，反映在哲學上是我討厭的實證風格。到了英國，才慢慢發現他們可取的一面。第一次的文化衝擊來自一張火車票，上面寫著："We take no responsibility for anything beyond our control."我想了很久，真的！誰能為超出自己能力之外的事負責？

為了改善我的英語發音，我曾有一個英語老師。每次跟他約下次見面，他都會給我一個時間，叫我"try this day"。我問他："Will I see you or not?"，他回答："Likely."（應該會）問了很多次，他才很勉強地說："Highly likely."（十之八九會）每次我問他為何對這種小事都沒辦法敲定，他總回答我：你為何每次都以為未來的事可以事先敲定。我火大，每次離開時都故意說："I'll see you on Monday at 9:00."他會神秘地笑一笑，不置可否。我跟他卯上了，每次都刻意提前到他家門口，等著手錶時針指著九的時候敲門。他也總是很有紳士風度地跟我說：「你真準時。」一直到有一天，我的腳踏車鍊子斷掉了，當天遲到。從此以後，我只好改口說："I'll see you on Monday, hopefully."因為一些機緣，我認識一位從曼徹斯特大學退休的人類學系教授，常到他家喝下午茶聊天。所謂的「聊天」，其實是非正式而又很認真地談學術圈內的話題（不是人間是非與八卦），譬如臺灣的政治、孔恩（Paul Moritz Cohn，一九二四－二〇〇六）的《科學革命的結構》（*The Structure of Scientific Revolutions*）、六〇年代學生革命，亨利・摩爾（Henry Moore，一八九八－一九八六）的雕塑，以及他們夫妻在非洲做過的田野工作。有一位劍橋退休的歷史學教授偶爾會過來一起聊。這些英國人，學術著作硬梆梆，絕不談「主觀」的情感或好惡；但是坐在好友家裡，話匣子一打開，還是對學術懷抱著一堆私人的情感與好惡，一點都不像書本上讀到的英國人。

出國前我有大中華文化情結，做人做事只問動機，不問後果，是倫理學上「動機主義」的典型。為此，我跟幾位哲學系的朋友論爭，他們舉出兩次世界大戰各種愛國情操所肇下的殘酷殺戮，說得我啞口無言。從此以後，才知道英國的拘謹、務實有她背後的智慧與考量，不是異文化的人可以隨便批評的。

在臺灣，「歐美」並稱，順口得很。到了英國，才發現英國人跟美國人之間有很多心結，而且很多英國人不以為自己是歐洲人，而法國人跟德國人更加是南轅北轍。這才真的瞭解到歐洲是個多元文化的地區，所謂的「西方文化」到了歐洲就變得太模糊而沒有意義。

這些點點滴滴多半是要在當地當學生，跟當地人變成朋友，才有機會深入地交談，從而瞭解。有了這些瞭解，以前在書上讀過的會變得更加鮮活。

結語

在雷根和柴契爾夫人吹遍全球的功利主義主導下，英美大學紛遭刪減經費的厄運，也興起把大學當企業經營的歪風。根據我在劍橋大學的觀察，愈年輕的英國學者愈欠缺早期學者的傳統學術風範，視野愈來愈狹窄並且急功近利；回國以後觀察留美學人，更加感受到愈趨不擇手段的風潮，以及離學術傳承愈來愈遠的小器功利主義。

國內學界的歪風愈勝，愈值得出國去見真正的大師。可惜大師愈來愈少，名校裡也不見得都是大師。出國費用愈來愈貴，有必要事先透過網路看清楚誰是值得親炙教誨的前輩大師，並且想好自己要研究的領域和題目，才不至於貿然出國，卻無奈地空手而回。

既然一向靠自己讀書，臺灣的西方經典又多到
我一輩子都念不完，
為什麼還要出國才能念書？

Unit 9

壯遊與神遊

「壯遊」一詞出自杜甫晚年自傳詩的篇名，近年成為流行的名詞是因為《商業周刊》的一篇文章〈放大你的格局，人一輩子要有一次壯遊〉。

這篇文章把英國貴族傳統的Grand tour翻譯成「壯遊」，介紹英國一九六〇年代以來時興的空檔年（Gap year）和中外「壯遊」的著名案例，鼓勵年輕人走出國門，透過長期而深入異地的親身閱歷，認識異文化，打開自己的視野和胸襟，藉此放大自己的人生格局。該文引述一份英國的報告說：壯遊可以增加外語能力，提升個人獨立精神、人際關係，以及與人溝通、自我約束和解決問題的能力，甚至從而找到人生的方向，確立自我完成的第一大步。

過去臺灣人多半是利用留學的機會去追求這樣的成長，但是近年來美國的獎學金難申請，而學費加生活費又往往將近兩百萬，因此留學生愈來愈少。此外，國內博士供應過剩的問題愈來愈嚴重，有博士學位又往往比沒有博士學位難找工作，因此把留學的目標改為攻讀碩士，這是一個值得考慮的方案。除此之外，打工渡假或騎單車環繞歐洲等壯遊的形式，則是新的選擇。

不管是休學一年或停職一年去語言學校、攻讀學位、打工渡假或壯遊，都有值得鼓勵的理由。但是出國一年不見得人人都會因此解放自我，找到人生的方向。如果只是當廉價勞工兼偶爾吃喝玩樂，只換取趣聞而沒有得到真實的成長，這樣的體驗恐怕不值得。

切．格瓦拉（Che Guevara）的摩托車之旅改變了他的一生，那是因為他脫離了自己熟悉的富豪家庭，看見了不曾被告知的社會底層真相。但是，這樣的收穫也可以透過有目標的計畫而達成。英國王子的空檔年都特地去體驗貧困社會或勞動者的生活，為的是讓他們感受完全不同的生活處境，以便他們未來可以履行皇家的義務。毫無目標地去壯遊，有機會得到意料之外的體驗，但也可能一無所得；鉅細靡遺地計畫，而不留給自己一點點不期而遇的機會，那又失去壯遊的意義。最好的折衷，可能是掌握住壯遊的大目標和主要計畫，但又留給自己足夠的彈性和意料之外的美好驚喜。

最起碼也要想一想為什麼要出國，想要得到什麼。先把一部分想要得到的計畫好，再把其他的彈性留給不期而遇的收穫，這樣才不會入寶山空手而回。

突破隔閡，深入異文化的管道

壯遊要有收穫，第一種選擇是把自己投入盡量陌生的社會與文化脈絡，去感受其中的巨大衝擊。譬如到非洲或印度最貧窮的地區去旅行或當義工。但是這樣的衝擊事後會被如何地消化、吸收，還很難說。有人去過印度仁愛修女會之後，回國很愛講印度的貧富差距與德蕾莎修女的慈悲；也有些人會對印度文化沒有任何的理解與同情，回國後動不動就隨便亂批評。

要瞭解一個異文化很不容易，更常發生的反而是在接觸異文化的過程中強化了原有的文化偏見；要從異文化的衝擊得到智慧與自我突破，其實也不見得容易，否則一個人類學研究生多年的專業培養過程豈不是多此一舉。反過來說，真要瞭解異文化，學一點人類學田野調查或參與式觀察的基本技巧，是很值得鼓勵的。甚至乾脆到大學去旁聽一整個學期的課，也是值得的。

不管是否有人類學的背景，也不管是自助旅遊、國際志工、語言學校或留學，要深入瞭解異文化，首要條件就是要有機會跟當地人進行較深入的接觸或交往。這往往不是一件容易達成的事。

有朋友介紹往往比沒有朋友介紹更容易突破「交淺不言深」的僵局；非營利組織的人往往比營利機構的人更重視異鄉人的感受，也較有值得深入討論的話題；國際志工比打工旅遊更有機會被友善地對待，並且融入組織。所以，英國的空檔年仲介網站裡，國際志工是比國際打工更重要的營業內容，而國內最近也開始有這樣的代辦機構。假如是非營利組織的跨國人才交流計畫，也許又比志工更理想，比志工更有機會接觸組織內更核心的運作，瞭解更深入的文化、社會、機構、組織等多面向的議題。

念語言學校通常比打工更有機會深入當地文化，甚至有時候比念學位更容易跟同學建立私人情誼。念學位有功課的壓力，往往所有的時間都在上課與讀書，頂多去超商買個東西，跟實驗室的同學偶爾互動，往往沒有機會跟其他人建立人際關係，甚至連練習外語聽說的機會都遠比語言學校少。我發現一個高商畢業的女孩子，她在語言學校學一年的英語之後，聽與說的能力遠比我強。語言學校的缺點是：除了老師之外很難接觸到當地人。但是，如果挑劍橋、牛津這種熱門的地點念語言學校，有機會跟來自世界各地的年輕人同班，大家功課壓力不像念學位那麼重，又有練習外語的需求，因此天南地北地交談，討論各種議題的機會就遠比念學位的時候多。而且，我的經驗是：跟英語是第二語言的人講英語，進步比較快，因為大家都講得慢，不會用艱澀的詞彙，對彼此語言上的不流暢也都比較有耐心，不會像跟英國人講英語那麼緊張、急迫、壓力大。

除非你的外語能力就像母語那樣好，否則與外國人談話難免囿於詞彙而很難深談。面對這種隔閡，還想要跟外國人有較深入的互動，恐怕得先想辦法讓自己成為一個別人有興趣瞭解的人，或者至少找到一些值得深入交談的話題。否則浮泛的話題談得再多，也不見得比上網搜尋國外資訊來得更深入。花一年去進行「壯遊」，只得到練習外語的機會，而沒有機會得到更多的體驗或衝擊，還是很可惜。

我當年在劍橋有機會跟一些英國人深交，是因為我有一些他們想瞭解的東西，因此願意耐心跟我談話。一位印度朋友想瞭解東方哲學，一位研究電影與文學的朋友想知道維根斯坦、海德格（Martin Heidegger，一八八九－一九七六）和我對於語言與詩的分析，瑞典朋友發現我是唯一可以跟他談拉格威斯特（Pär Lagerkvist，一八九一－一九七四）的人，義大利朋友則發現我是宿舍裡唯一可以聽他談法蘭克福學派的人。

在出國之前準備一些外國人會感興趣的話題，練習好它們的關鍵外語，將會較有機會以此交換別人較深入的話題。

「看」的藝術與壯遊

雖說出國是要去體會迥異於過去的經驗，實際上到了異地並不見得就一定會有重大的發現。看見，從來都不是一件單純、容易的事。

每張千元大鈔上都有獨一無二的央行編號，如果問你：「它是由幾個英文字和幾個阿拉伯數字共同組的？」你會傻在那裡。它的影像一再映入你的視網膜，但是大腦卻對它沒有任何印象，這叫做「視而不察」。人類通常都只從自己熟悉的角度看事物，也只看到他想看的。

探索頻道（Discovery Channel）曾經追蹤報導一個擅長街頭素描的小孩，他看一眼街景後就可以在家裡「鉅細靡遺」地重新描繪出來。這孩子看似天賦異稟，令人困惑的是他的自閉症嚴重到無法自理日常生活，連架起畫架都需要姊姊代勞。專家研究很久之後才解開謎團：人的腦部會不自覺地對視覺的資訊進行過濾與篩選，但他的大腦因局部受損而欠缺該功能，所以才會「鉅細靡遺」且「過目不忘」。

沒有單純的「看見」，「看見」永遠伴隨著自覺或不自覺的篩選和理解。如果我們老是用熟悉的方式在篩選和理解異地的所見所聞，異地的體驗可能只是在加強我們的偏見與自閉。譬如，英國電影老愛嘲笑英國人一件事：人在異地還是只願意吃英式的餐點。「保持開放的心」是壯遊的必要條件，但是說起來容易，實踐起來卻不知從何做起。

很弔詭的是：出發前對異地瞭解愈多，壯遊的收穫往往也愈多。賴瑞和是專攻唐代史的當代學者，他九次遊訪大陸的唐代遺跡，在一九九九年出版了文史兼融的遊記《杜甫的五城：一個火車迷的中國壯遊》。這本書透過作者深厚的歷史涵養去看大陸，反而看見許多終日身歷其境者看不見的事物，因而在對岸的轟動程度似乎還超過海峽的這一邊。

雖說壯遊是要去看意料之外而書本上又得不到的知識，但是這不表示要刻意避免在事先對旅遊地有充分的知識。對當地的瞭解會引導我們去「看見」一些我們平常不會注意的事物，也提供我們較好的背景去理解自己的「看見」。而且，當我們對異地的瞭解與預期愈多，遭遇到預期之外的現象時，印象反而會更鮮明、深刻。所謂「外行看熱鬧，內行看門道」，以前英國貴族壯遊時通常是由家庭教師陪伴，不是沒有道理的。

譬如說去美術館看名畫，看見什麼跟事先有沒有準備大有關係。歐洲的美術館經常觀光客人滿為患，如果你站在一張名畫前面想仔細看，通常會被一再經過眼前的觀光客遮住視線。在這樣的干擾下，根本感受不到任何細膩的東西，還不如在家看畫冊。所以，我會挑觀光客少的季節，事先查好要看的名畫位置，美術館一開門就直接衝到那幅名畫之前。即使這樣做，認真看一張畫還是很容易疲倦而分神。我會事先找到還不錯的畫冊，在家裡悠悠閒閒地反覆研究，到了美術館只專注於畫冊無法傳達的細膩感受，一趟美術館之旅往往用兩個小時看十張以內的名畫，剩下的時間就隨處亂逛。

不要當生涯規劃的奴隸

臺灣人整天緊張兮兮，從幼稚園開始就怕輸在起跑點，升學考失利而重考就落後別人一年，大學畢業就要馬上接著念研究所，不敢先出去工作一、兩年。我把這叫做「應屆畢業生」心態。很多人拿到博士後，還是急著升等、升官，任何事情都忍受不了落後別人一、兩年。

這樣匆匆忙忙的人生，好像在搭特快車，什麼事都比別人早一步到站，連人生都比別人更早達到終點——不到五十就因為癌症末期而進入臺大醫院。這時候才警覺到：自己忙碌一生，除了帶不進棺材的財富和虛名，什麼都沒有得到。原來，人生的目的不在終點，而在過程中所經歷的一切；不曾在人生過程中仔細品味人生每一刻的人，就像在灌一瓶一百萬元的紅葡萄酒，名酒下肚毫無滋味，猶如在財富與虛名中浪費人生。

德國高中生很少有我們這種「應屆畢業生」心態，他們申請到大學以後不急著馬上去註冊，註冊後也不急著要盡快畢業。他們在意的是找到值得自己投入的生涯，以及做好就業前的準備，而不是整天跟人計較表面上的輸贏。

我在劍橋念博士時碰到好幾位剛考上大學的德國年輕人，他們或者在語言學校學英語，或者在寄宿家庭幫英國人帶小孩兼當家教老師。他們告訴我，德國人很流行在考上大學之後先休學一年，想當英文老師或發展國際貿易的人往往選擇到英國打工一年，體驗當地的語言、文化與經濟環境，以便確認自己一年後是否真要註冊當英語系或國貿系的學生。喜歡金融的就到銀行打工，以便瞭解自己是不是真的喜歡這個行業的職場生活，以及這個專業所需要的知識；假如不喜歡銀行，可以再換一個金融機構去打工，直到找到自己未來想要投身的行業，並且知道這行業需要哪些專業知識為止。他們覺得這樣的一年很值得，可以幫他們確定自己未來真正想要走的路，也可以利用這一年的經驗瞭解自己未來該學什麼，以及所學的東西未來要如何活用。假如沒有這一年的經驗，他們可能會投入一個讓自己後悔的科系，也可能因為搞不清楚學習的目標與目的而在大學痛苦四年，或者因為沒有現場經驗而在學習上抓不到重點。

成大機械系有一位對學生影響深遠的馬承九老師，他常勸學生：其實大學念四年畢業之後，還不算是一個懂機械工程的人；你一定要在畢業後到工業界去兩年，看看書上讀的東西在工業界是怎麼用，之後才算是一個真正工學院畢業的人。此外，他也常勸學生：如果你拿到博士學位才去業界，有不懂的問題也會不敢問別人，為的是害怕被人笑說「連這都不懂還當什麼博士」；而別人也不見得會跟你講，因為你是高高在上的博士；因此，要到工業界要趁早，最好大學一畢業就先去兩年。因為聽了馬老師的話，我大學畢業就馬上離開學校去工作兩年。那兩年的經驗對我幫助很大，它讓我知道我讀的書跟工業界實際發生的事情之間的關聯是什麼，這樣的一個連結，對我後來在工學院從事教育是很有利的一段經歷。

這樣的經歷，在人文與社會科學領域裡其實是比工學院還重要。所以我後來常常會很感慨的講，臺灣很多學者在學生時代不懂社會，出國讀書也還是不懂臺灣，然後又沒有辦法融入美國社會；回到臺灣抱著幾本教科書寫了一堆的論文，還是不懂社會。這些學者從美國帶了一堆東西回到臺灣來，完全沒有去搞清楚那些東西在美國社會造成哪些利益或流弊，也從來沒有去搞清楚美國社會跟臺灣的社會有什麼差別，就硬把美國的制度套到臺灣社會，把臺灣整得七葷八素，教改與五年五百億都是其中的典型，所以我有一段時間常常講：「留學生誤國。」

說穿了，這些人都是生涯規劃的奴隸。表面上看起來他們都成功了，出人頭地，其實根本就像是靠著飼料和生長激素虛胖起來的飼料雞，除了空洞的知識之外毫無真實的人生體驗。這種華而不實的人生，往往就是因為太忠於生涯規劃，寸步不離，以至於生涯規劃變成了囚籠。

一群大學校長組成內閣，政績讓國人失望，因為他們都是同樣的背景：從進了幼稚園之後一輩子都在學校，對美國社會與臺灣社會都一無所知，這樣的人怎麼有可能治國？如果他們年輕時曾經放膽到臺灣社會的底層去「壯遊」，認識臺灣社會的各種事實，說不定今天的人生格局和視野會大大不同。

神交與神遊

壯遊是為了要親身經歷巨大的文化或社會情境的衝擊，使自己有機會被迫跨出熟悉的生活模式、價值觀，以及看不見的歧視與偏見。

不得已的時候，也可以只有神交與神遊，用以取代壯遊。人類跟動物有一個很大的差別：動物只能跟眼前的動物互動，而無法跟跨越遙遠時空距離的同類互動；但是人類卻可以跨越時空跟歷史人物的精神交往，這叫做「神交」。其實，我們也可以透過書籍、繪畫或者音樂，在過去的歷史國度裡壯遊，而對個人的生命衝擊與視野的開拓，甚至有機會超過到國外去壯遊，這叫做「神遊」。

神遊與壯遊也可以相互為用，成效往往更大。賴瑞和的九訪唐代遺跡就是先有神遊而後有壯遊，並且因為有神遊作前導，而使得他的壯遊能夠突破觀光客的浮光掠影，甚至看見大陸人所看不見的歷史精神。

雖說行前的規劃與準備有助於讓壯遊收穫較多，還是得提醒一句：規劃是為了要得到更多，卻絕對不要被規劃阻擋而不敢出國。有機會就出去闖蕩，開拓自己，給自己機會去發現還沒被覺察過的自己。「壯遊」的計畫與目標如果可以切合自己的特性與需要，外語好或不好都有機會得到難得的收穫。

譬如在網路上曾經引起許多關注的薛德瑞，他曾花一百四十四天在單車上騎過一萬五千公里，隻身從北京騎到巴黎。這樣單純的B2P（Beijing to Paris）單車之旅很少跟外國人互動，卻還是非常值得：它讓你有機會發現自己耐力的極限，各種不同自然條件與社會條件下的生存方式，和人們對待陌生人的態度，讓你有機會在孤獨的寧靜中很深刻地感受黃昏、朝陽、細雨、風霜，讓你感受到不被社會、人群、成見、傳統等綑綁下最單純的呼吸與「活著」的感覺。

不管是壯遊或神遊，如果你不給自己機會跳出既有的窠臼，你有可能會繼續重複早已極端無聊、乏味的生活。這樣過一生，真的不值得！

雖說出國是要去體會迥異於過去的經驗，

實際上到了異地並不見得就一定會有重大的發現。

看見，從來都不是一件單純、容易的事。

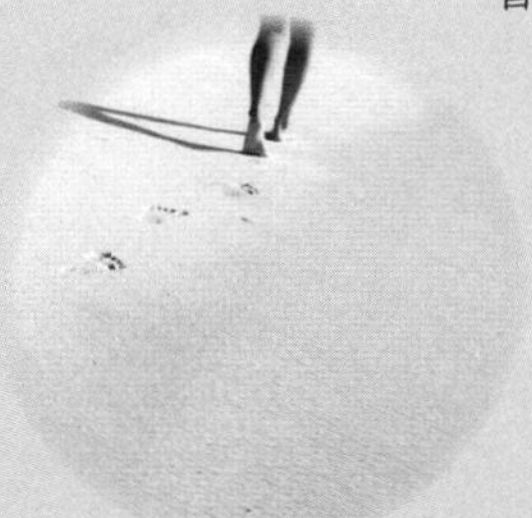

Unit 10 職業、興趣與志業

職業是一個人賺取所得時扮演的職場角色，有時候是當事人的主動選擇，有時候是為了養家活口而不得已的選擇。理論上，很多人會鼓勵年輕人去從事最適合自己能力和興趣的工作，事實上很多人卻必須要屈就他不喜歡，甚至也不見得擅長的工作。而且，理論上教育的目的是要發揮一個人的潛能與愛好，以便他在職場上能學有所用，但是現實上一個人所接受的教育常常只是在遷就找工作的需要。

人生有許多得已和不得已的時候，得已的時候有得已的選擇，不得已的時候也要有屈就的能力。有志得伸通常不會造成任何問題，不得已時要如何應變才是這個劇變時代裡值得討論的問題。

目前三十多歲的年輕人，他們的父母正是戰後嬰兒潮的一代，歷經小時候物資不算充裕的生活，以及隨著他們的成長過程而迅速提升的所得與消費水準，因而對未來傾向樂觀，願意鼓勵孩子長期接受教育，對下一代的科系選擇較尊重而開放。在這背景下，許多年輕人在選擇

科系時以興趣為第一優先考量，進入了就業機會較少的人文與社會科學系所。也有很多人懷著對未來的樂觀期待，進了國內或國外的博士班。但是在他們畢業或即將畢業時，許多令人憂心的遠景卻一一浮現：二〇〇八年的全球金融風暴、歐元區的國債問題、國內高教人口失業率的上升與通貨膨脹、少子化使得教書的工作變得異常沒有保障，而美中的貿易衝突與新冠肺炎對全球旅遊業的衝擊，則使得全球經濟的未來發展蒙上濃厚的陰影。

面對這種很難樂觀的前景，戰後嬰兒潮這一代的經驗有些再度變得有參考的價值。因為，我們就是在工作選擇很有限的情況下，度過人生最重要的求學、結婚、生子，與第一次就業。

職業與興趣

我常被問到：一個熱愛人文勝過理工的人，為何要選擇念理工科系？其實，在四十多年前的臺灣，我沒有多少選擇的餘地。那時候臺灣的經濟不發達，人文與社會科系畢業的學生往往要靠關係才能找到一個養家活口的穩定工作。因此，沒有家世背景又不願意輕易向人低頭的人，大概就只能選擇念理科後到美國留學、移民，或者選擇念工學院後留在臺灣工作。

在我們那個時代，興趣與職業往往是分離的，只有極少數的人可以把職業和興趣合而為一。而且，如果想要在就業之後繼續維持個人情感與思想上的成長，通常是必須要犧牲一點點現實的所得，同時善用所有的時間。

我從大學時代就決定不再升學，也不想在現實世界出人頭地，而只想用最少的精力維持一份可以養家活口的職業，以便把省下來的時間用在人文的研究，讓自己在情感與思想上能持續發展。

我的第一份工作在中鋼，但是只有三個月。第二份工作在中山科學研究院，上班地點在龍潭，剛開始時跟在臺南教書的太太分隔兩地，直到一年後她考到新竹，才跟爸媽住在一起。我每天六點起床，趕搭七點的交通車，八點到中科院。下午搭車回到新竹後還要步行回家，到家已經六點半。隨便吃個晚飯，就開始讀哲學書，直到晚上十一點左右，才跟太太一起出去吃宵夜，一邊講一天的讀書心得給她聽。回去後洗澡、上床已經是十二點。睡眠時間不足，只好在上下班的交通車裡補眠。

開學期間，兒子在臺南給岳母帶，寒暑假時太太自己帶。半夜孩子哭了，怕吵到爸媽，所以太太負責餵奶，我就負責洗尿布。那時候沒有免洗尿布也沒有洗衣機，常常必須半夜到樓下去，冒著寒流用手洗尿布，以便晾乾供隔晨使用。有時候兒子半夜睡不著，我也曾爬起來抱著他邊聽音樂邊踱步，直到他睡著。印象最深的一次是他半夜發高燒，我們抱著他去街上攔計程車要到醫院急診。等車時天冷而明月高懸，兒子竟指著天上說：「月亮。」碰到這種情形，更是嚴重睡眠不足，只能利用中午簡短的休息時間去補眠。

我就是在這樣艱困的情況下讀完史作檉老師的三冊《形上學》，也在這種情形下花三個月時間考上清大的碩士班。一部分時間用來賺錢、養家，一部分時間用來閱讀、寫作，維持個人的成長，這是我們那一代有心人的生活常態，也是中西千百年來歷史名人的生活常態——達文西、貝多芬、王陽明都必須把有給職的工作做完後，才用剩餘的時間去做自己關心的事。

再糟的工作場所都有值得學習的地方

剛到中山科學研究院時，以為那是一個非常了不起的地方。一九七八年的臺灣，「博士滿街走，大學生不如狗」的單位屈指可數。但是沒有多久就發現我的直屬長官很難溝通，他所交代的許多事情既不合理又沒意義。他可以兩頁公文要我改十次，每次只改一個字，而我則必須把兩頁公文全部重新謄寫。他可以一下叫我做機械設計，一下叫我管理倉庫，一下負責國外採購，一下子又變成是去巡視基地。於是，我開始擔心：在這樣的單位長期服務下去，沒辦法累積出專業技能，最後一定會變成一個沒有專長、空負時光的人。

另一方面，我所屬的單位有近百位同仁，共聚在一間非常大的辦公室裡，讓我瞭解到什麼叫做蜚短流長。我不喜歡八卦與人間是非，有同事過來閒聊，總是埋首工作而不去搭理。後來實在不勝其擾，就躲到圖書館去。每天一到辦公室就把桌上所有公文盡速處理完，然後躲到圖書館去看書；吃過午飯後回到辦公室，也是盡速處理完早上送來的公文後就去圖書館。這樣的工作模式下，幾乎所有送給我的公文都一個上午就會被妥善處理完，所以有業務往來的人都對我相當稱道。

去圖書館做什麼事？剛開始的時候專找哲學類的圖書，但是圖書館裡只有孫中山和蔣介石的書，所以我就把實業計畫給拿來看，直到實在看不下去。但是這樣下去只是浪費青春，乾脆把自己工作上所遭遇到的任何小問題都當大問題來看待，去找出相關的專業書籍來研究。因為硬是沒事找事做，竟然發現我所負責的計畫裡過去所有的防鏽處理幾乎全部都有問題，會嚴重影響國防。我特別報告上級，提出一個當時很轟動的公文，一次把所有的錯誤都給更正。從此以後，對於我跑去圖書館這一件事，上級更加沒有意見。

我就用這樣的態度，在別人混、上級不合理時，在無聊的事情裡找有意義的事，把工作上的小問題當作大問題去研究，以便加深自己的專業能力，拓寬自己的專業視野。

中山科學研究院有許多軍事機構和公務機構的缺點，但是有一個非常難得的優點：在那個物資貧乏的年代，她有一個館藏豐富且設備先進的圖書館。我在裡頭找到兩套美軍軍事標準與設計規範，沒事就去翻閱，因而瞭解到先進國家的技術是如何累積，他們的工程師如何藉助先人的經驗和智慧來迅速提升自己解決問題的能力。美軍是一個必須在全世界各種極端化氣候下作戰的單位，他們的武器設計也必須要禁得起這樣的考驗，因此他們的軍事標準與設計規範必須引導設計者去克服其中種種困難的問題。我因為翻閱美軍軍事標準與設計規範，而吸收了許多機械設計的寶貴經驗。

即使是看著工作單位內一再重複展演的荒唐戲碼，用心的人也還是可以分析它們錯在哪裡，以及自己未來要如何去避免。我在第二年參與了一個非常大型的計畫，合作的人專長領域跨越電機、電子、化工與機械，每個月一次總計畫會議。主持總計畫會議的是拿過美國名校博士的副所長，他的專長是機械，對電機、電子與輻射干擾一竅不通。有一位臺大電機系的高材生跟我在同一計畫裡，他想做兩年事再出國。我們這種小蘿蔔頭在大型會議裡開不了口，只能互換彼此的專長知識當作是私下的學習。臺上的大官們又是爭功諉過，又是官威與顏面，計畫執行出了錯，沒人願意講實話，副所長又不知道哪些問題該問誰，該信誰，我們兩個小蘿蔔頭就這樣子眼睜睜看著副所長被底下的人耍。

在會議膠著或僵持而進展不下去的時候，我跟臺大畢業的同事常躲在會議室最後面的角落討論，從這過程培養彼此跨領域討論問題的能力，我也從這經驗裡學會什麼叫做「層層分工，環環脫節」，同時認知到跨領域學習與跨領域合作的重要性。

我念大學和碩士時專長領域屬於機械，博士期間的研究題目屬於電機，回國後的研究很多都是橫跨機械、電機和資訊工程，或者把電機、資訊領域最新的理論拿到機械的領域去應用。這些發展，跟中山科學研究院的工作經驗有很大的關係。

我大學畢業要離開學校時，一位老師送我一段終生受用的金言：「工作本來就不好玩，所以老闆才會付你錢；工作如果好玩，老闆哪需要付你錢？要不然你想想看，你去遊樂園玩，是你付錢給老闆？還是老闆付錢給你？」從此以後，只要工作不順心，我就跟自己講：你拿薪水就是為了忍受這樣的事。

漸漸地，我發現：在工作上碰到討厭的事或不公平的事，平心靜氣地把它做完常常較省精力，與人爭執反而花了更多的心力。爭不一定會爭得到，即使爭到了也會心慌意亂一整天，根本沒辦法在下班後去閱讀堅硬深奧的哲學書籍。

所以，後來我被交代任何事都是沒第二句話，直接答應下來，盡快把它做完，只求不讓自己鬧情緒。我在清大當講師的期間，也還是維持著這樣的態度：系主任交代的工作，我總是沒有第二句話就去做。只要不鬧脾氣，做完一件事所需要的時間，經常都是遠少於心裡不平而浪費掉的時間。而且我相信：只要老闆不太離譜，你做得遠比別人多時，他就會開始調整工作分配。

但是，我在中山科學研究院的老闆確實是太離譜，我不想把時間浪費在他無意義的折騰裡。所以我花了三個月時間考研究所，並且在畢業後留在清華大學。

我常在演講時跟聽講的老師們說：「我成為一個老師，是刻意的選擇，而不是偶然。因為，老師是我所知道的職業裡最有意義的工作之一。」大部分的工作只是花時間與精力去換錢，而無法得到意義感的滿足。但是老師的核心工作卻是我有興趣，又充滿意義的。「得天下英才而教之，一樂也。」我講課時都會看著學生的表情和眼神，當他們露出驚喜、豁然開朗或出神的表情時，我就知道這一堂課我又照亮了他們思想的一個角落，或者在他們心裡點燃了一把火。

對我而言，講臺就是舞臺，教書彷彿有如戲劇、舞蹈或宗教儀式，必須全神貫注，才有辦法在慵懶睏倦的夏日午後讓聽講的人精神抖擻，在兩、三個小時內把他們從無聊瑣碎的日常生活中，帶到精確嚴謹而大開大闔的抽象思考裡，或者讓人出神忘我的歷史人文精神裡。這樣的工作很費心，但是我樂在其中，也完全肯定它的價值和意義。

不過，只要有錢可以領的工作，就是會有讓人煩心、不快的部分。行政工作與相關的會議經常是無聊、瑣碎而費時的，我只教選修課卻總是會碰到只想鬼混的學生，國科會研究計畫和成果的審核標準背離我個人對學術的理解，這些零零總總的事加起來還是佔掉不少的時間，也花費不少的心力。

儘管如此，教書還是我心目中第一優先的志業。我為它付出的時間絕大部分都是我認為值得，我為它做的事絕大部分是我認為有意義的，它不僅給我養家活口的錢，也滿足了我對意義感的一部分需要。我的博士生畢業後薪水是我的數倍到數十倍，但是給我再多錢也無法換取我在工作上所獲得的意義感。

以前一位博士生告訴我，他最理想的工作是教書，我問他理由，他回答：「因為有寒暑假，可以念自己想念的書。」我問他：「除此之外，它還有什麼吸引你的理由？」他想很久都想不出來。我告訴他：你不適合教書。以他的聰明程度，在工作上可以有太多的選擇機會。如果可以，一個人應該選擇一個既能用以養家，又能用以滿足人生意義的工作。他那時太年輕，沒辦法懂我的意思；現在聽說他在華德福實驗學校，希望他能從其中找到意義和樂趣。

結語

我最喜歡的是哲學，好幾次想要放下機械系的教職，重新去念哲學博士，以便換軌道去教哲學。但是，看著在哲學系教書的朋友以及那些不甘願被分發到哲學系的學生，我可以感受到他在教書時有多痛苦。

我常跟一位社會系的老師聊社會學的理論和臺灣的社會問題，有一段時間每天一起在操場慢跑，邊跑邊聊社會學。社會學是他的興趣，前些年社會學又曾吸引過許多優秀的有志青年，因此我常羨慕他職業與興趣合一。可是，他有他的憤慨和不滿，尤其面對著理工學院教授對人文與社會科學的不尊重時。

這些具體的案例總是會提醒我：工作本來就有不好玩的成份，所以我才會拿到錢。把「志業」過份美化，恐怕不管在什麼情況下都不切實際。

反過來講，企業界往往給人「用時間與生命換錢」的刻板印象，但是也偶有例外。松下幸之助（一八九四－一九八九）認定松下企業體的使命是「不斷努力生產，使電器產品製造得像自來水一樣的豐富與價廉，讓人人都能買到物美價廉的電器產品，改善生活，消滅（物質上的）貧窮」。如果能夠懷著這樣的態度去從事生產與發明，其意義當然也是絕不下於教書這樣的行業。

很多人年近三十還是不清楚自己到底要的是什麼。對於三十歲左右的年輕人，我期望他們可以找到一份足以養家與養老的工作，並且希望他們有機會在這工作裡找到一些他們可以肯定的意義，下班後還有時間可以繼續為自己一輩子的自我成長而努力。不得已的話，養家與養老優先，有時間讓自己成長在其次，工作的意義只好放在最後面。畢竟年輕最重要的是有成長的機會——有成長才有機會看見人生各種值得追求的意義，以及在未來成就人生更大的價值和意義。

Unit 11

青貧世代的職場趨勢

過去二十年來，就業環境惡化的傳聞甚囂塵上，青年失業與工作貧窮的問題也一再成為臺灣媒體的焦點，使得許多大學生憂心自己的未來出路，甚至無法安心就學。

譬如，專家預測人工智慧與自動化設備將會大幅取代人類的工作機會，二〇二五年時全球各行業所需的工時會有五十二%是由機器執行，只剩四十八%是由人類執行。此外，中國、東南亞、東歐與巴西等新興國家崛起，又大規模取代歐美、臺韓的工作機會。

在這兩個因素夾擊下，失業問題已經足夠讓人頭痛；偏偏金融風暴與新冠肺炎讓全球經濟陷入長期的低迷，使青年失業率一再攀高。西班牙的青年失業率曾高達五十六%，新冠肺炎使它又從三十%攀升到四十一%；法國青年失業率也曾高達二十六%，在新冠肺炎之後又從十八%上升到二十二%。至於臺灣的青年失業率，二〇〇〇年以前都在七%以下，金融風暴後一度高達十五%，近年也一再超過十三%。

面對這種職場趨勢，唯有積極瞭解青年失業的原因，以及產業發展的未來趨勢，把精力用在刀口上，才能有效因應現實，並且有餘力兼顧其他面向的理想。

譬如說，傳統的工作機會或許在減少，工作條件也在逐漸惡化；但是職場的工作型態卻會變得比較多元，有更多發揮創意與個人志趣的機會，而且跟上職場發展趨勢的人待遇還會比上一代更好。其次，臺灣內部的工作機會也許在減少，但是海外的工作機會卻可能在增加；而且海外工作的歷練，可能會成為你返臺工作的優勢。此外，新興國家的崛起會取代掉許多臺灣既有的工作，但是這些國家的消費市場也將擴張而帶給臺灣人新的商機和工作機會。同樣的，當自動化與人工智慧大量取代低階、繁瑣、重複的工作時，也帶來許多更人性化、更富有創意與挑戰的工作。

可惜的是，預測未來本來就很困難。二〇〇八年金融風暴發生前夕，全球的經濟學家、歐美的國家銀行行長，以及華爾街的金融機構都沒有預見到它會來得這麼快，規模如此龐大且衝擊如此劇烈。偏偏商業雜誌經常誇大事實，恫嚇讀者，以求擴大銷量，而網紅也樂於傳播以擴大知名度和換取相關利益。因此，培養自己分辨事實的能力益發顯得重要！

譬如，日本趨勢專家大前研一曾創造「M型社會」一詞描述日本中產階級的消失，此後臺灣媒體動輒引述。然而事實跟他的預測相去極為遙遠！

貧者愈貧的M型化社會——先見之明或危言聳聽？

大前研一在二〇〇六年預言，中產階級的人數將會逐漸減少，絕大部分變成低收入或中低收入，只有極少數人變成更富有，結果所得分配的曲線將會從傳統的常態分佈（鐘形曲線）變成M型：左側的低所得人數最多而高高凸起，右側的富人人數也會稍微增長而細長地凸起，中間的中產階級人數銳減而凹陷下去。

事實呢？過去三十年的統計數據顯示，歐美與日本的所得分佈一直都是接近常態分佈，完全看不出有M型化的跡象！此外，不管是富者或貧者，所得都有所增長，只不過越富有的人財富增長越快，而中產階級的財富增長最慢，使得中產階級不滿。

實際上經濟學裡有一個「寄生蟲理論」，足以說明「富者愈富，貧者愈貧」的M型社會乃是杞人憂天：寄生蟲為了從宿主榨取最大的利益，會讓宿主保持在良好的健康狀況，不會讓它營養不良而減產；類似地，權貴階層為了從薪水階層榨取最大利益，會維持適當的報酬率來激勵勞工的生產意願，維持生產效率，因此社會的M型化很難發生。

不過臺灣過去二十年來的所得發展趨勢，倒是真的值得關注：最富有的一%至五%人口實質所得迅速成長，速度遠超過經濟成長率；然而有將近九十%的人實質所得卻倒退了二%至五%，因而有劫貧濟富之嫌。更重要的警訊發生在五等分的家戶平均年儲蓄，年所得最低的二〇％家戶原本的平均儲蓄都是正值，但是過去十年內卻持續處於負兩萬元至三萬元之間，約佔他們每年可支配所得的五％至十％。

更讓年輕人感到鬱悶的，是房價極端不合理：房價所得比是歐洲先進國家的二、三倍，甚至還比日本高出八成，不靠父母的挹注根本買不起房子。所幸，房租所得比還處於多數人可以忍受的水準：雖然仍比日、韓分別多出兩成和四成，但是接近英、法。

至於名目所得，臺灣的人均值明顯落後韓國、義大利與西班牙，但是貧富差距較小。如果用人均家戶所得的中位數來衡量中產階級的收入，臺灣已經追齊義大利，只比西班牙少六％，並且明顯領先希臘與葡萄牙。此外，由於物價便宜，臺灣的人均購買力所得更已超過德、英、法與日、韓。

總體而言，雖然臺灣的經濟與產業發展遲滯，讓人憂心，但是有工作的人八成以上都溫飽有餘，只是購屋難而已。因此，真正該擔心的是：在產業變遷的過程中，如何確保自己不會是太早被職場淘汰下來的人。

由於全球的聯繫極為緊密，一夕之間改變全世界的事情確實有可能發生——除了二〇〇八年的金融風暴之外，二〇二〇年的新冠疫情也是如此：一月二十三日武漢封城的時候，沒有任何歐洲國家採取任何防範措施，也沒有人想得到一個半月後義大利會舉國封城，並且在接下來的一個月內失去三萬條人命；到了八月底的時候，它已經奪走全球八十六萬條性命，癱瘓全球航空業和跨國旅遊，改變無數人的上班方式，導致許多人的失業，並且逼迫所有的跨國企業思索要如何調整他們的全球供應鏈。

未來的歷史學家很可能會把二十一世紀分為「新冠疫情之前」與「新冠疫情之後」。

此外，行動通訊、網路與資訊服務，以及社群媒體正在持續改變我們的消費模式。二〇一八年的網購消費已超過個人消費總額的十六%，一半以上的人從網路取得購物資訊，使得與搜尋引擎成為最主要的廣告平台，逐漸取代傳統行銷管道。如果再加上未來的雲端產業、大數據分析，類神經網路、人臉與圖形辨識，以及人工智慧等技術，其衝擊將更加激烈。

無怪乎現在有許多中文系的學生熱衷於學程式語言，而臺大經濟系則整合電腦資訊與數理分析能力，致力於培養從事大數據蒐集、整理、分析、與解讀的「資料科學」人才——掌握這些技術的人未來會比同儕更有機會搭上產業發展的順風車，不具備這些技術的人必須搭別艘諾亞方舟，以免在產業大規模的創造性破壞裡滅頂。

問題是：未來最有機會擴展的市場是什麼？它們需要的是哪些技能？

此外，既有工作機會消失的速度會有多快？為了避免在職場上被過早淘汰掉，我們真的要從學生時代起都拚命壓榨自己的心力，除了功課之外什麼都不顧，甚至連結婚之後都必須在家庭、工作與健康之間痛苦地掙扎與抉擇，而無法三者兼顧嗎？

曾有美國大學教授言之鑿鑿地說：職場技能的半衰期已經只剩五年，意思是現在的職場技能有一半會在五年內被淘汰掉。全球著名的會計公司德勤（Deloitte）在二〇二〇年公布調查結果，有五十三%的受訪者認為公司員工必須在未來三年內更新一半以上的專業技能。

然而職場的改變真有這麼迅速、激烈嗎？上班族真的有可能一邊上班，一邊在五年內更新一半以上的技能嗎？這些趨勢預測會不會又是像M型社會的傳說那樣，杞人憂天？

當人工智慧遇上全球化——工作的消失與誕生

事實上，前述的數據比較像是在反應公司管理者與上班族的焦慮，而不是有扎實的研究當背書的嚴謹估測。譬如，德勤的歷年報告就同時呈現許多相反的資訊：在二〇二〇年的那一份報告裡，五十九%的受訪者認為企業必須在一年半內引入人工智慧並重新設計各項職務，但是只有七%的受訪者說他們已經做好準備；雖然德勤在二〇一七年就宣稱軟體工程師必須在一年半內更新全部專長，市場、行銷、製造、法務、財務、會計部門也必須以類似速度更新職場技能，然而二〇二〇年的報告卻引述經濟合作暨發展組織的調查報告，說在技術蓬勃發展的過程中生產力卻陷入一九七〇年以來的最低點；於是二〇二〇年的報告引述德勤二〇一四年的一份報告，指出技術進步所造成的員工過勞將會對生產力造成負面影響。

較深入的研究顯示，新技術融入產業界的過程相當複雜而緩慢：招募職場新鮮人看似很容易，但是管理階層若不懂得他們的專長，或者既有員工無法跟他們密切配合，就會讓他們充滿挫折，而不是發揮所學；但是要重新設計公司內的相關職務內容，使得新人與新的技術能夠充分融入企業並帶動變革，卻又像是「穿著西裝改西裝」一樣地處處掣肘；此外，如果要員工在上班時間執行既有業務，利用下班時間從各種線上課程吸收新技術，結果可能只是製造出一堆一心二用的過勞員工，既有業務做不好，新的技術也沒學成。最後，德勤的一份二〇二〇年報告指出：企業本身必須轉化為學習型組織，動態地設計員工的職務內容與專長技能，讓員工以「邊做邊學」的模式在他所負責的業務裡學會新技能，以便公司、職務內容與員工技能三者同步成長，同步轉變——可惜的是，這樣的學習型組織還不存在。

許多學者、專家對未來職場發展趨勢的預測，嚴重忽略了企業內組織調整過程的複雜細節與難度，因而嚴重高估了職場內技術變革的速度。實際上，職場內的技術變革速度，必然是絕大多數上班族體力與心力承受得了的，毋庸贅言。因此，世界經濟論壇的二〇二〇年報告預測，未來三年內將會產出六百萬個新的工作機會，只佔目前全球三十三億個工作的千分之二；這六百萬個工作中有三十七%屬於照護產業，十七%在銷售、市場與廣告內容，十六%在資料分析與人工智慧，十二%屬於工程與雲端技術，八%與人或文化有關，跟環保產業相關的只有二%。這個估測似乎較可信。

此外，歐盟委託的專家在二〇一九年發表《人工智慧：工作的未來？未來的工作》，就人工智慧與機器人對未來工作機會的影響而言，他們的研究遠比臺灣的媒體報導或網路消息更完整而嚴謹。他們發現：有能力引進人工智慧和機器人的歐盟企業頂多佔二〇％，都是大型企業，而且主要是用來提升員工的生產效率，而非取代他們；然而另外八〇％的企業幾乎都是中小企業，他們很難找到資金來投資於人工智慧與機器人，也無法跟大企業爭取相關的人才，其中競爭力較弱的企業有可能會倒閉。其次，過去的經驗顯示資訊技術與自動化所創造的工作機會遠超過它們所消滅的工作：一九八〇年以來，美國因為個人電腦而增添的工作比失去的工作竟多出一千六百萬個；過去十五年來，網際網路在法國消滅了五十萬個工作，但是創造了一百二十萬個工作機會；德國最積極引進機器人的汽車業在過去二十年內雇用的勞動力從七十萬人增加至八十萬人。總體而言，過去的變化趨勢是低階的工作消失了，而勞工則往更高階的工作移動；然而人工智慧與機器人所要取代的是人類更高階的能力，被取代的人有多少個能往更高階的工作移動，很難下定論。比較確定的是，未來將會有大量的勞工中年轉業乃至於換城市求發展——終生在一個公司和城市裡工作的舊景正在逐漸消失。

另一方面，過去三十年來歐美勞工的工作機會總數確實是在減少中，只不過其主要原因並非被人工智慧與機器人所取代，而是因為傳統產業向新興國家快速移動。結果歐美與臺灣的傳統製造業快速地空洞化，許多員工失業後移向服務業：一九六〇年時，美國有二十六％的勞工在製造業，二〇一七年只剩十％；德國則從一九七〇年的四十％銳減為二〇一七年的二十％——在這過程中，有許多勞工經歷了中年轉業或失業的痛苦。但是，全球化與商務電子化的結果，也讓各種競爭力較強的中小企業或個人可以直接跨國提供專業諮詢和金融服務，而不需要再透過跨國公司的整合——這使得個人有更多種就業和創業的選擇。

新興國家的崛起是不可能阻擋的，因此該報告建議歐盟要積極培養人工智慧與機器人的人才，同時透過各種管道促成產業升級與提升企業競爭力。

展望未來，隨著新興國家的產業技術逐漸提升，歐美與臺灣製造業的工作機會還是會繼續流失；此外，隨著金融服務與商品交易的電子化，許多服務業的傳統工作也會持續流失掉。因此我們對於職場的變化還是不能掉以輕心。

至於新興的工作機會，主要來自於老年照護產業的輔具、醫療與照護，金融與商務電子化所帶來的程式與數位內容設計、數據與大數據分析、網路與社群媒體行銷，教育與其他需要人性化互動的服務，需要靈活判斷與創意的管理工作，以及目前仍未知的新職業。

可以確定的是，未來職場變化的主要驅動力是社會的老齡化，人工智慧、大數據、雲端技術等資訊科技與機器人的發展，以及製造業與服務業的全球化。然而溫室效應所造成的氣候極端化，以及各種全新疫病的全球化傳播，都將使得全球進入高風險、高度不確定性，以及高度流動性的社會。在這個轉變的過程中，絕大多數人會因為總體生產效率的提升而受益，但是也會有許多人被迫中年轉業或中年失業。

面對這樣的未來，與其急著在學校裡習得未來所需要的專長，不如保持終身學習的能力與意願，以及對各種變化保持著彈性面對與調適的能力。

終身學習的意願與能力

雖然我們可以概略地知道未來職場變化的三大驅動力是人口結構的老年化與少子化，資訊科技與自動化技術的進步，以及新興國家崛起與貿易全球化，然而每一個國家、每一個地區所經歷的實際變化仍有極大差異，無法一體適用。

譬如，臺灣有些大企業的研發能量甚至還不如德國的某些中小型企業，因而引進大數據分析、雲端產業與機器人的速度遠比德國緩慢；此外，臺灣的老人照護產業高度仰賴引進外勞，鮮少有助於國內的相關企業發展與就業機會。因此絕不可以把國外的趨勢分析當作臺灣的未來。可惜的是，臺灣的政府政策空泛而無力落實，加上本土化研究太缺稀，而媒體資訊則經常嘩眾取寵、以偏概全，使得年輕人想要瞭解臺灣未來發展趨勢益加困難。

事實上，即便是歐盟頂尖專家執筆的《人工智慧：工作的未來？未來的工作》，最後仍舊不忘一提：對於人工智慧與自動化可能會帶來的改變，我們仍舊無法確定；唯一確定的是學生必須培養出自我學習的能力，以便在不確定的職場未來中具有足夠的彈性與韌性。

更具體地說，中學階段的教育必須從死記的知識轉向跨領域溝通、批判性思考，在模糊或不確定的情境下理解事物並解決問題的能力，以及推理、邏輯與數學的基本能力；此外，高中課程中資訊科學的份量必須跟物理、生物、數學齊平，透過數年的持續課程來取得關於網路技術、程式語言、數據分析，以及演算法的基本概念；商學院學生更必須瞭解它們對電子化交易、市場情報分析，以及金融業務與管理決策的影響。

該報告還進一步強調大學教育改革的必要：高等教育應該分成四階段，初始階段強調跨領域普遍適用的知識和技能；第二階段是直接進入企業界工作一段時間，認識職場的實際運作與需要；第三階段是根據自己選定的職場角色，然後返校選修必要的課程來完成專業教育；第四階段是定期返校吸收新的專長，以利職場上的角色轉換——算是一種高等教育的售後服務，可以合併線上課程與教室內的群組討論、師生的個別指導等彈性的授課與學習方式。

因此，終身自我學習的能力變得比一紙燙金的文憑還重要。此外，資訊科技讓上班族隨時有被人工智慧與機器人取代的危機，然而它也讓我們可以輕易地取得全球資訊、知識與智慧，以便藉此輕易擺脫新興國家的追趕，以及被人工智慧與機器人取代的風險。

未來最有機會擴展的市場是什麼？它們需要的是哪些技能？

為了避免在職場上被過早淘汰掉，我們真的要從學生時代起都拚命壓榨自己的心力，

除了功課之外什麼都不顧，甚至連結婚之後都必須在家庭、工作與健康之間痛苦地掙扎與抉擇，而無法三者兼顧嗎？

Unit 12

因應產業變遷的碩士教育

短片《教育的未來》曾經在臺灣轟動一時，它提到：「二〇一〇年最熱門的十大工作在二〇〇四年時還不存在」，「我們必須教導現在的學生，畢業後投入目前還不存在的工作，使用還沒被發明的技術，解決迄今尚未被發現的問題。」乍看這似乎是個不可能的挑戰，其實這個短片只掌握到資訊膨脹的表象，而沒有掌握到這個劇變時代產業與知識變遷的真正特質。

《教育的未來》誤把資訊、知識與就業技能混為一談，才會誇大了職場變革的速度與幅度。雖然「Google每個月要處理二十七億次的搜尋」，「我們每天傳輸的簡訊數量已經超越全球總人口數」，但是其中絕大部分是無關痛癢的資訊（娛樂界的八卦與緋聞、臺北美食推薦等）。「現在英文字彙的總數大約是莎士比亞時代的五倍」，但是絕大多數屬於特定專業領域內的術語，其他行業的人一輩子都不需要知道。「美國每天有超過三千本新書出版」，但絕大多數是不看也無所謂的休閒讀物。「紐約時報一週的資訊量可能超過十八世紀一個人一生可能接觸到的總量」，資訊是爆炸了，但知識的膨脹速度遠遠低於資訊的膨脹。此外，人類知識的總量在急遽膨脹，但是人類的分工也同等級地膨脹中，因此每一個人一生所需要用到的知識仍在絕大多數人能負擔的範圍內。

其次，這個短片使用了許多錯誤的對比，大量地製造錯覺。譬如，「二〇一〇年最熱門的十大工作在二〇〇四年時還不存在」，似乎意味著七年後最熱門的工作是跟今天的所有工作都無關似的，然而這根本就是假象。

這確實是一個劇變的時代，然而產業與技術的變遷絕非斷裂、不連續的。如果我們能夠活用大學與碩士班的基本理論，並且熟練批判性思考與「用別人的智慧解決自己的問題」，就能夠輕易地因應產業的變遷，並且打敗機器人與新興國家的追趕。

新的行業，舊的技術和學理

根據美國勞工統計局的資料，二〇一八年最搶手的行業為生醫工程師、網路系統與資料傳輸工、獸醫、電腦軟體、物理治療與職能治療、土木工程師、護士、會計、財務分析與景觀設計。其中生醫工程師是新興的行業，但是相關學理與技術早已存在數十年，而其他九項行業根本是老行業的新需求。

即使是全新的行業，也通常是在舊技術的基礎上發展出來的。以二〇二〇年的三星旗艦手機為例，它的核心技術之一是安卓（Android）作業系統，這個作業系統二〇〇三年就已存在，它是利用一個Linux核心發展而成，而Linux核心的技術在一九九一年就已問世。

其實，產業的變遷是大量承襲既有再加上局部的創新，從量變逐漸累積為質變，而非不連續的跳躍式變化。因此新興產業總是需要從舊產業引入大量的技術與人才，而願意持續吸收新技術的人都可以順利地換軌。譬如，面板產業與發光二極體的磊晶圓產業都是需要借用晶圓代工的技術與人才，軟性面板也會大量使用到傳統面板的技術與人才。

如果從學理的角度去看，變化的連續性就更清晰。譬如人臉識別技術的學理基礎有兩個，一個是一九八〇年代起迅速發展的類神經網路，一種是一九七〇年代開始迅速發展的影像處理；而後者是以一維的數位訊號為基礎，把影像當作二維訊號去進一步發展出來的。假如一個人能掌握到這些學理之間的相似與互通，就可以輕鬆地用一九五〇年的類比訊號理論略加擴增而變成一九六〇年的數位訊號理論，再略加擴充就變成今天應用廣泛的影像處理技術。假如一個人不懂得這些學理之間的類似性與互通，就會誤以為類比訊號處理、數位訊號處理、影像處理與人臉識別之間是毫不相關的三、四種技術或學問。

理工的學問都是跟幾何學一樣的演繹系統，它們都是從數量有限的基礎定理和觀念出發，經過演繹而發展成成千上百的定理：歐幾理德（Euclid）的《幾何原本》共有四百六十五個定理，然而它們都是從五個公設和五個公理演繹出來。類似地，一本電路學的教科書動輒四、五百頁，其實整本書都是從三個定律推導出來的，而且這三個定律都是簡單到一旦理解了就不會再忘記；同樣的，靜力學的教科書也是動輒六、七百頁，其實整本書就只有一個觀念：合力等於零。

莊子說：「吾生也有涯，而知也無涯。以有涯隨無涯，殆已！」如果你把理工的學問當作一堆零碎而不相連屬的知識，就永遠跟不上知識的爆炸速度；如果你把它們當作一個演繹系統，從知識源頭掌握住核心定理、觀念和假設，就能夠以簡御繁、以一御萬，輕鬆地理解和吸收它們（參見前一章所提的〈讀書的境界與層級〉一文）。

此外，在以前電腦不普及的時代裡，靈活的解題技巧是解決複雜工程問題的必備能力。然而在這個電腦程式極其發達的時代，不管是複雜的電路設計或結構分析，工業界都早已是使用各種現成軟體在進行分析，而不需要自己動手解題。因此，重要的是深入掌握核心原理、觀念和假設，能正確使用現成軟體和解讀軟體的分析結果，而不需要去管枝節瑣碎的知識細節和解題技巧。

事實上，在這個劇變的時代裡，再多的知識也不夠用。所幸，只要善用行動運算與搜尋引擎，我們所需要的知識幾乎都在隨手可及的網路上。因此，解決問題的關鍵並非事先在你大腦裡儲備大量的知識，而是學會在最短的時間裡找到所需要的知識和文件，過濾掉可信度或含金量低的網路垃圾，並且在最短時間裡加以吸收、轉化、活用。

因此，當人工智慧與機器人逐漸侵入職場時，人類的學習重點應該要逐漸轉移到它們所不擅長的宏觀視野、問題定義，以及運用它們解決問題的能力，而不是複雜的數學與解題技巧，或者網路上可以搜尋得到的知識。

簡言之，面對未來的職場巨變，我們需要的是跟機器人與人工智慧合作的技巧，以及運用大數據與各種網路資訊、數位典藏的能力。至於過去講究的博學強記、謹小慎微的學習模式，則是早已過時而急需淘汰的。

譬如，人工智慧擅長規則明確的邏輯演繹和複雜的計算，卻不擅長批判性思考與創新，也不擅長洞察人心的需要。因此，當人類與機器人在需要創新的工作上競爭時，最能發揮「以己之長，攻人之短」的優勢。此外，如果一個人有能力通過研究與批判而創新，他就可以站在職場的前緣，成為職場變遷的受益者而非受害者。

不管是機器人智能水準的提升，或職場技術與知識的迅速更替，乃至於新興國家的崛起，都是既帶來威脅，也帶來新的機會——它們都是經濟學家熊彼得（Joseph Schumpeter）所謂的「創造性破壞」。而破除威脅，轉危機為轉機的關鍵訣竅，就在於培養自己研究、批判與創新的能力。

這三種能力表面上看起來沒有明確的關係，實則它們的最終目標都是為了創新——如果研究的成果無助於創新，那就等於徒勞而無功；如果只會批判而沒有能力創新，那就無異於發牢騷。或者說，批判既有乃是研究工作的起點，為的是找到值得突破與創新的課題；而研究則是導致創新的方法與過程。

創新和解決問題的方法要與時俱進：在沒有網路的時代裡，解決問題要靠個人的天分和知識；在網路的時代裡，要善用前人的智慧並活用現代科技！

因此，在美國芝加哥大學的課程設計裡，大學部前兩年的課程是不分科系的「核心課程」（The Core Curriculum），它們佔畢業學分的三分之一，兼顧計量與質性的批判性思考，透過「堅持不懈的質問，挑戰一切的假設和智性的論辯」，培養大學生「從跨領域觀點思索與解決問題的能力」。這些課程也涵蓋人文、理化、社會科學、生命科學最常用的基礎知識，但是知識量有限且跟批判性思考緊密結合，以便學生面對任何問題都能夠迅速從龐大的資訊中搜尋、篩選出最有利用價值的知識和資訊，並且迅速分析、批判、消化、吸收、融合與創新。

站在巨人的肩膀上：學術文獻的搜尋、篩選與閱讀

很多人誤以為只有天才和絕頂聰明的人才能從事研究與創新，其實不然。只要懂得善用行動運算與數位時代的利器，以及前人的智慧，就能夠「站在巨人的肩膀上」，進行「最省力的創新」。反之，如果不懂得善用前人的智慧和網路時代的工具，全憑個人的聰明與心力去進行創新，結果必然是累到精疲力盡，而沒有餘力享受家庭生活與人生。

以牛頓為例，他曾說過：「如果我看得比別人更遠，那是因為我站在巨人的肩膀上。」有

些人誤以為他這句話是自謙之詞，其實不然。在牛頓（Isaac Newton）發表萬有引力定律之前，伽利略（Galileo Galilei）已經先用實驗方法歸納出自由落體的運動方程式，而且克卜勒（Johannes Kepler）也已經歸納出行星的軌道形狀和運動定律，而牛頓的萬有引力則是在這兩位巨人的肩膀上進一步創新。假如沒有這兩位巨人在前，牛頓或許一輩子也無法僅憑自己一個人的力量完成鉅著《自然哲學的數學原理》。

事實上，科學之所以能夠持續不斷地進步與創新，就是因為科學家有能力站在前人的肩膀上。反之，假如每一個世代都只能靠自己的聰明解決問題，而完全無法仰仗前人累積的智慧，恐怕今天我們都還會停留在新石器時代！

尤其是臺灣的產業技術落後先進國家至少五至十年，而解決產業問題所需要的核心原理和關鍵技術都早已發表在學術期刊與先進國家的專利文件裡。只要有能力搜尋、篩選、批判性吸收與彙整，再加上一點點巧思，就可以解決絕大部分的問題。因此，念碩士班的主要目標不該是「在就業前吸收更多知識」——在這個劇變的時代裡，你永遠不可能知道未來會用到哪些知識。與其預先學一大堆未來很可能會用不到的知識，或者等到要用時早已忘記，不如學會在需要新知識時能迅速搜尋到它，並且消化、吸收，再根據現場的需要進行必要的修改或創新。這樣的能力，正是碩士班的訓練重點。

海峽兩岸的大學部教育都是以理解教科書的內容為主要訴求，然而擅長閱讀教科書的人，不見得擅長在網路與數位典藏中搜尋、篩選文件，分析、批判和彙整。因為閱讀教科書和閱讀期刊論文需要的是兩種截然不同的能力。

教科書是一種被刻意組織過的材料，由淺入深，由簡入繁。此外，任何較不常見的術語、觀念和定理都會在第一次出現時被清楚地定義與解說，讀者不需要再去找額外的補充資料來協助閱讀。因此，你可以從第一頁開始逐行讀到最後一頁，中間完全不跳躍，循序漸進地吸收整本書的知識，中間不會碰到沒讀過的術語或太艱深的段落。

然而論文是寫給圈內專家讀的，使用許多大學生和碩、博士生沒學過的術語、觀念和定理，而且不會在論文中加以解釋。因此，碰到陌生的術語、觀念和定理時，你要自己去找相關的參考資料來補充自己背景知識的不足。然而這些補充資料彼此之間並沒有一定的深淺次序或必然的閱讀次序，期刊論文之間也沒有明確的閱讀次序，因此你要有能力從龐大的網路與數位資料庫中搜尋、篩選出最值得閱讀的材料，將它們安排成適合自己的閱讀次序，並且分析、評價、批判其內容，再彙整、消化、吸收，最後從中找到創新的訣竅與線索。

前述這個流程，被稱為「學術文獻回顧」，只要學會文獻回顧的能力，自然就會培養出從事研究與創新所需要的五種核心能力：資料檢索的能力、資料篩選的能力、期刊論文的閱讀能力、期刊論文的分析能力，以及創新的能力。

資料檢索的能力指的是：在給定的題目範圍內，利用資料檢索系統（譬如Google scholar、教育部的「博碩士論文檢索系統」，或者各學科領域的期刊文獻資料庫與索引系統），以最快的速度查出所有相關的論文，而無任何遺漏。這個能力的關鍵在於：給定一個題目，你到底要用什麼樣的關鍵字和查索程序去保證你已經找出所有相關的文獻？每一組關鍵字（包含聯集與交集）代表一個論文所構成的集合，假如你用的關鍵字不恰當，你可能找到的集合太小，沒有涵蓋所有的相關文獻；假如你用的關鍵字太一般化，通常會找到太多不相關的文獻，使得後續的篩選工作極端浪費時間，甚至來不及做完。

其次是資料篩選的能力。跟你研究題目相關的論文文獻各有不同的特性與訴求，而其中問題特性與訴求跟你的的研究子題密切相關的論文往往不到十分之一，乃至於百分之一。有人可以只讀論文的題目、摘要、簡介和結論，而不看懂內文，就準確地從數百篇論文中找出最相關的十幾篇，因而在後續精讀的工作裡只需要花十分之一或數十分之一的心力？這就是資料篩選能力的好處。

再來是期刊論文的閱讀能力。期刊論文和大學部的課本截然不同，它是寫給專家讀的，十幾頁文獻充滿艱深冷僻的術語，只交代最核心的創意而非言無不盡，並援引許多其他論文的研究成果。因此，要讀懂一篇論文，通常需要同時讀懂十數篇或數十篇參考文獻的相關段落。偏偏，這十幾篇被援引的論文又各自援引十數篇其他論文。這樣子集合級數地增加下去，簡直像是不可能有讀完的時候。

因此，期刊論文是一個極端沒有系統的知識，必須要靠讀者自己從數十篇到數百篇論文中擷取出相關的片段，自己組織出一個有系統的閱讀次序，然後才有辦法閱讀與吸收。要培養出這種自己組織知識的能力，需要在學校靠著大量而持續的時間去摸索、體會，而不可能只利用業餘的零星時間去培養。所以，碩士畢業生和大學畢業生最大的差別就是：學士只學習過從書本吸收系統知識的能力，但碩士必須要有能力從無組織的知識中檢索、篩選與自行組織。

分析、批判與有跡可循的創新

學會搜尋與閱讀期刊論文只不過是碩士訓練最初階的目標而已，第二個階段是要培養一個碩士生對學術文獻進行分析、批判的能力，以及在這基礎進行創新與突破的能力。

每一種方法都有它的優、缺點，以及適用的場合與限制。許多大學畢業生拿到一個方法就會不經批判地應用它，直到用過許多次之後才知道它的特性與限制。文獻分析與批判的能力是要能夠不經多次實驗，直接從方法的特性上去看到它的優缺點與限制。

這個分析與批判的能力是大學期間鮮少有機會學習到的。大學生的學習重點是理解與吸收前人的智慧，大部分老師不會引導學生去分析課本知識的優缺點與適用性，因此是「注重理解理力，忽略批判能力」。碩士生則必須要有「對一切既有知識進行客觀而精確地批判」的能力。這個批判能力可以用來分析、批判自己的想法與作法，使自己可以精益求精。所以，一個大學畢業生在業界做事的時候，需要有人指導他（從事批判性檢驗），幫他找出缺點和建議改進的可能性。但是，一個嚴格訓練過的合格碩士，他做事的時候應該是不需要有人在背後替他做檢證，就可以分析自己作法的優、缺點，並在不足處主動向上級或平行單位要求支援。

這樣的能力不僅可以用來快速評估、篩選論文與資料，也可以用來質疑、批判各領域的理論、方法，乃至於各種解決現實生活困境的候選方案。

因此，一個碩士班最核心的學習目標並非任何特定的知識或技藝，而是一種具有普遍應用範圍的思考能力。一個碩士畢業生如果好好利用閱讀論文過程中所培養出來的能力，他將有機會進一步發展出更多元的質疑、檢證、分析、批判與評價的能力，並藉此協助他解決職場與人生中各種難解的問題。因此，嚴格說起來，大學教育的重點在培養理解的能力，碩士階段才開始培養「獨立自主的判斷能力」。尤其在美式教育與臺灣的大學教育更是如此。

最後，文獻的分析與批判的最終目的是培養出創新的能力。大學的主要訓練目標是吸收既有知識的能力，但碩士畢業生則必須要有能力創造知識。聰明的大學畢業生也有能力突破與創新，但往往是僅憑一己的聰明而無法善用前人的智慧，因此有如「閉門造車」；至於一個訓練有素的碩士畢業生，則可以在很短的時間內從學術文獻中找到各種有助於解決問題的前人創意，分析各種創意的優缺點，截長補短，創造出更適用的解決方案。這種創新是「站在巨人的肩膀上」，創新的手法有可依循的程序與要領，因此較容易達成且較不費力。

譬如，二〇〇五年時有一家臺灣的廠商希望我協助他們發展印刷電路板的三次元銲點瑕疵檢驗技術，而當時該技術已經被一家美國公司壟斷了三十年。我帶著碩士生先針對醫學界的「X光三次元斷層掃描」技術進行文獻回顧，從而掌握到最先進的理論和核心技術；接著參考國外專利文獻，研判三次元銲點瑕疵檢驗的重點和技術瓶頸，並且從前述的醫學界期刊文獻找到突破性的構想。最後，我們以兩年的時間完成核心技術的突破，並且在檢測速度上超越前述美國公司，而推出當時全球最先進的檢測設備。在這個小蝦米迎戰大鯨魚的過程中，我們的成功九成以上歸功於快速而精準的文獻回顧能力，僅只一成以下的功勞屬於「最省力的創新」。

可惜的是，海峽兩岸的教授鮮少能認真培養學生文獻回顧與批判、創新的能力。有鑑於此，我在二〇一七年出版了《研究生完全求生手冊》，從文獻回顧到批判性思考與創新，鉅細靡遺地講解研究的流程，以及每一個步驟的要領。有心的讀者可以去找這本書來翻閱，看是否吻合自己的需要。

結語

上學是為了學職場學不到的東西，假如一個人花了四年念一個大學，又花了兩年去念一個碩士，而所學到的東西卻不如去職場所學的多，那真的是既浪費金錢又浪費青春。

可惜的是，許多人盲目地去念大學與碩士，卻從來沒有認真去瞭解大學和碩士期間值得學的是些什麼東西。胡亂地拿個學歷，在這文憑貶值的時代裡其實毫無意義。

不管是普通大學或科技大學，專利、技術文獻與期刊論文的回顧、分析、批判與創新正是臺灣產業界最欠缺而又最有用的能力之一，也是因應未來產業劇烈變動最有效的能力。臺灣產業界所需要的技術絕大多數都是國外學術文獻上的既有技術，一個人如果擅長在最短時間內完成最有效率的文獻回顧與分析，那麼他在產業界也可以表現得很出色：給他任何一個題目，他可以在最短時間內從學術文獻上找到足夠的方法、技術和點子來解決他手上的問題，也有能力在繁忙的工作上持續地吸收新知、更新自己的職場技能。

臺灣的產業技術落後先進國家至少五至十年，
解決產業問題所需要的核心原理和
關鍵技術，都早已發表在學術期刊與先進國家
的專利文件裡。
只要有能力搜尋、篩選、批判性吸收與彙整，
再加上一點點巧思，
就可以解決絕大部分的問題。

Unit 13 職場新鮮人的挫折與徬徨

根據媒體報導，二〇二〇年的職場新鮮人要投出二十封以上的履歷才會有一次面試機會，同時得面試五家以上才會找到一個工作機會。至於已經上班的新鮮人，超過八成有過跳槽的念頭。

其實第一個工作最難找，主要原因是老闆喜歡優先聘僱有經驗的人，以便一上班就可以開始為他賺錢。所以，職場老手給新人的建議幾乎是一成不變的：「先求有，再求好。」因為，只要你能累積兩三年的資歷，對一個行業有基本的認識，知道自己在校所學要如何跟職場銜接，就會有比較多的工作機會讓你挑選。

即便我在四十多年前畢業時是拿著業界最愛的成大文憑，有應徵就有面試機會，照樣還是被拒絕了好幾次。然而就像我在前面說過的：再怎麼糟糕的工作裡都有機會可以學習；同樣的，我在面試失敗時也經常學到一輩子受用的寶貴教訓，事後想起來都覺得那些失敗的面試經驗很值得。

另一方面，慣老闆越來越多，許多產業的產品與技術水準幾十年不變，使得職場上的工作越來越無趣，許多年輕人因而寧可自己創業。然而媒體在二〇一五年的統計卻顯示：臺灣的新創企業佔企業總數的比例是全球第二，偏偏企業的歇業率卻是全球第一。創業的風險如此高，「要不要創業」是讓許多年輕人糾結不定的問題。

此外，要去大企業當可有可無的小螺絲釘，還是去小企業見識一個公司完整的組織架構，或者跟定一個老闆英明、有衝勁的新創公司？這也往往是職場新人舉棋不定的煩惱。關於這些問題，我有一些二手的經驗和二手的觀察可以分享。

面試失敗，卻終身難忘的心得

在我們那個世代，成大和臺北工專的畢業生不但是企業界的最愛，而且製造業的廠長幾乎都是這兩校的校友。因此，大一迎新時有新生問：「我們畢業以後能做什麼？」一個學長充滿自信地回答：「當廠長。」即便如此，我最早的兩個面試機會卻都是失敗收場。

有趣的是，這兩個面試機會卻也是我後來最懷念的。因為它們讓我學到許多學校沒教的寶貴啟發和教訓，大大開啟了我這個職場新鮮人的眼界。因此我常鼓勵學生要積極爭取面試機會：「志在參加和學習，不一定要錄取。」

第一個面試機會是座落在臺南善化的一個沙拉油廠，先筆試再口試。筆試內容我只記得一題：有個水槽直徑三公尺，水深六公尺，出水口直徑五公分，要多久這些水才能排乾淨？這一題我覺得太難，留下空白完全沒有回答。

口試的主考官是廠長，他看著考卷，不解地問我：「這一題這麼簡單，你為何沒有回答？」我回答他：「水的流速會隨著出水口的水壓而改變，而出水口的水壓則隨著水深的下降而下降。這一題需要解一個非線性的微分方程式，所以太難了。」廠長嚇一跳，睜大眼睛看著我：「你把問題想得太複雜了。我問這一題的目的，只是要你概估排水所需要的時間，以便決定要不要納入換班的交接事項——如果八個小時內一定排得完，我就安排早班一到就排水，不需要納入交接；如果八個小時內一定排不完，我就要安排成兩班的工作，納入交接。」他頓一下，接著說：「你只需要假定水壓與流速固定在水深恰為三公尺的時候，然後計算出那時候的流速，再計算出所需的排水時間。所以，這一題只需要用到乘法和除法，不需要解非線性微分方程式。」

這個口試我四十多年來一直記得，它讓我從一個書呆子變成懂得隨著時機而權宜應變的人：面對一個問題，有時候我會用常識或經驗概估後直接回答，有時候會只用中學的理化知識去概估，只有在極少數時候才會用大學的知識去推算，萬不得已時才會寫電腦程式去解非線性微分方程式。

後來我也經常在上課時提醒學生：在學校的考試裡，答案只有「正確」和「不正確」兩種，許多人因而養成謹小慎微的習慣，在職場不需要精確回答的場合裡吹毛求疵，因此貽誤解決問題的時機；然而業界在意的往往是非常粗糙、概略的估測，只要足以即時解決問題就夠了。

第二個面試機會是臺北縣的一個鍋爐廠，只有口試而沒有筆試，主考官是業務部副總經理，他先跟我天南地北的對話，詢問我對一些敏感時事的看法。接著他指著我的履歷（上面寫著「高二時拿到過全省作文比賽第四名」），問我：「你想不想當銷售工程師？」接著又說：「理工科系的人往往不擅長表達，你有這樣的文筆和口才，很適合當銷售工程師。」

在那個年代，製造業收入最高的是銷售工程師，其次是設計部門，最低的是製造部門。我還依稀記得大學時住在校外，隔鄰的房客是個高價儀器的銷售工程師，賣出一部的紅利就夠吃一個月，因此經常在簽約以後狂歡數日數夜而不去上班，好像真是工作輕鬆而收入豐厚。

可是我也還牢牢記得畢業前學長們的提醒：年輕時最重要的是學本事，有了本事以後不怕沒錢賺；如果年輕時拚命賺錢而不認真學本事，年紀大了就會被市場淘汰，成為沒用的人。所以，我就老實回答他：「銷售工程師憑的是一張嘴，學不到本事。我想要到設計部門或製造部門學本事。」

這位副總抿嘴一笑說：「那是因為臺灣的許多銷售工程師不爭氣，也沒見識過國外真正頂尖的銷售工程師。」於是，他跟我說了一個真實的故事。

有一次這個廠需要採購一部國外進口的設備，在洽詢過好幾家國外廠的報價和性能之後，決定跟一家美國公司購買。正式簽約的時候，這家美國公司派來一位業務代表，由這位副總親自開車去接機。兩人在路途中閒聊了許多事，多半有關鍋爐廠的技術和業務。進了辦公室後，這位美國代表先規規矩矩地把說好的合約書給詳細解說完畢，請這家鍋爐廠的負責人簽約、用印。

等他收好正式合約後，這位美國代表似乎不急著走，從公事包裡拿出一疊文件，跟這位副總說：「根據我們在車子上的聊天，我研判你們的某一種設備使用起來很不方便，且一定經常故障。我們公司剛好有新型的產品，可以解決這些問題。不知道你有沒有興趣瞭解？」解說完第一件產品後，他又拿出另外一疊文件，說：「我剛剛經過你們的廠房時，可以聽到某一種設備嗡嗡作響的聲音，非常大聲。我相信你們的員工一定深感困擾，並且影響工作績效。我們公司剛好有一項產品，可以大幅降低噪音。不知道你有沒有興趣瞭解？」第二件產品解說完後，他又拿出第三疊文件：「我們在車上聊天的時候，你曾提到某個製程會排出惡臭，害你們經常被附近的工廠和住戶抱怨，還被政府主管單位稽查、處罰。我們公司有一項產品專治這個問題，你們有沒有興趣？」結果，這位美國代表不但完成預定的合約簽署，還成功推銷了三樣產品。

這位副總跟我說：真正專業的銷售工程師，不但懂得自家產品的特性，也會知道全球主要競爭者的產品特性，甚至還知道各種客戶的潛在需求，因而可以藉著閒聊確認客戶的實際困擾與需求；這不是憑一張嘴就可以做到的。

後來我始終沒有去嘗試銷售工程師的業務，但是這場面試讓我大開眼界，知道業界的每一種角色都有機會涵養出深不可測的專業能力。

迂迴曲折地尋找可以安身的工作

我在通識課裡教過一些很優秀、有理想、又熱情的文科學子，然而他們卻往往會在畢業時一再遭受求職的挫折。有人慌了手腳，有人對自己生氣，有人失去信心，有人懷疑起自己有過的理想與熱情。這些事讓我看了很心疼。

一個文學院的才女，畢業後半年找不到工作，去餐廳當服務生。我遠遠看見，故意不打招呼。後來她鼓起勇氣到我桌前，我才替她放心。第一個工作是什麼都不要緊，要緊的是「只要清白的工作都願意做」的態度。後來我問她求職為何不順利，原來她自己過度篩選，只投了幾張履歷。我要她到處都投，沾上邊就投，沾不上邊也投——不需要妳來決定自己適不適合那個工作，讓老闆來決定。畢竟，剛畢業的人不容易判斷哪些工作需要哪些能力。沒多久，她應徵上好幾個工作，都是她事先以為不會上的。譬如，一個古董店老闆看中她的談吐和氣質，認為這樣的氣質才會對客戶有說服力，因而希望培養她。

我總是鼓勵即將畢業的年輕人：給自己時間到處去找面試的機會，姿態要低但勇氣要足；不管被拒絕幾次，永遠不要氣餒，因為你只需要一個願意相信你的公司。其次我會提醒他們：先找到一個不見得喜歡的工作，再慢慢地從這工作開始去瞭解社會的需要，以及自己的興趣與能力；等過個三、五年，再逐步轉到自己比較喜歡的工作。

要找到一份適合自己的工作，本來就是需要花時間：妳需要花時間去認識社會，社會需要花時間去認識你。

我自己畢業時雖然拿的是熱門科系的文憑，剛開始的求職過程也很挫折。沙拉油廠沒應徵上，我猜是因為廠長只想要一個可以管理普通廠務的基層幹部，而不需要一個動不動就想到非線性微分方程式的名校畢業生。鍋爐廠沒應徵上，因為副總希望我當銷售工程師，而我只想去設計部和製造部門。後來有一位教授推薦我去一個很高薪的研究工作，應徵時面試的主管卻跟我明講：我們只想要最頂尖的大學畢業生，而你的成績只是中等，達不到我們的錄取標準。

後來我一度信心崩潰，慌張到去應徵一家製鞋店的「廠長」職務，全廠一共一個小學畢業的老闆兼師傅與工人，老闆娘當會計兼出納、文書與總務，老闆的媽媽負責三餐、茶水與清潔。廣告上說月薪四千，學歷要高工畢業。我去應徵，還是沒有被錄取。後來才明白：成大機械畢業生起薪至少六千，我的條件太好，老闆不相信我待得下去。

找工作被拒絕，不要以為錯一定在自己，很多時候只不過是因為陰錯陽差——專長、志趣不符，對方急著用人而沒有時間給你在職訓練，或者才高位卑使人不相信你能長期屈就。但是不要氣餒，你只需要一個工作，繼續找下去，總有機會找到可以棲身的起點。

後來我去應徵中鋼，被問到的問題全部答錯，卻還是被錄取了——主考官相信我的聰明，也不急著用人，所以願意培養我；更重要的是，每一個單位都會有些沒人喜歡的工作，只有那些條件較差的人有可能會認份去做。果不其然，中鋼給我的工作是辛苦、無聊且毫無技術可言的鋼板切割，負責監督工人用火焰切割機裁切鋼板，要輪辛苦的三班制。有一次上大夜班時，一個工人躲在角落裡睡了好幾個小時，由另一個工人同時操作兩台火焰切割機。我看安全有疑慮，便過去勸他。誰知道他剛被酒家女甩掉而滿腹怨氣，就拿出刀子在廠房裡追殺我。嚇得我決心要換一個「只被人管，不需要管人」的工作。

三個月後，中山科學研究院來函叫我去面試。據說當時的中山是「博士滿街走，大學生不如狗」，我覺得這最符合我的願望。口試時主考官講的一口湖南話，我一句也聽不懂；他自認理虧，不再考我，只問我：要不要來上班？這句我聽懂了，猛點頭！就這樣到了全國最高機密的研究機構。

上班之後我才知道這個上校主管真的不可理喻，軍事單位也很官僚。有一次一張公文稿改了我三次，每次只改一個字，然後叫我整張重新謄寫。第四次時我跟主管說：「這是最後一次給你改，要改多少隨你，但是我改完後就不再跟你玩這無聊遊戲了。」他還是只改一字，我膽寫完給他，過一陣子他又改一字拿來給我。我改都不改就送回他桌上，他又拿來給我，說一聲：「這是命令！」我回他：「早跟你說過我只改最後一次。」又把公文送回給他，他又拿過來，我當著他面把整張公文撕爛丟到字紙簍。但是，我還是在裡頭很認真地工作，找機會學習專業的知識，有不懂的就到處問，到處找資料。

兩年期滿，我要離職時主官很不捨得。但是我很堅決地告訴自己：我不適合管人，也不適合被人管，必須想辦法找一個「不需要管人，也不會被人管」的工作。天底下真有這種工作嗎？大學教師——校長和系主任不會去管你，你也不需要逼著學生認真念書，考試及格就及格，不及格就不及格，他在不在乎隨他去。只是沒想到，碩士畢業後安安分分地當了五年講師，卻又被工學院院長逼著出國去念博士，留下妻子和幼小的子女在臺灣，彼此牽腸掛肚地過了兩年的辛酸歲月。等到回國後工作真的穩定下來，已經年近三十五。

但是你若去看吳念真或嚴長壽的生平，我們那個世代都是這樣摸索著慢慢找到自己可以發揮的工作。社會不是大學，你需要時間與親自摸索的機會去認識她，她需要靠你一點一滴累積出來的工作經驗與能力來發現你。你不需要急著找到人生最後一個工作！

就業與創業：兩難的掙扎

最近二十年來臺灣的薪水低，工作缺乏挑戰，升遷機會少，而房價卻高得不可思議，這些都已經成為亞洲人耳熟能詳的事實。整個臺灣不只經濟悶、外交悶，連政治也悶得不得了。於是，越來越多的年輕人想要出去闖天下。

如果你是熱門科系的頂尖人才，出去的機會確實很多：韓國公司有專門的獵人頭公司在臺灣的頂尖大學研究室裡挖人，還沒畢業就先簽約；日本也風聞臺灣的人才素質高、薪水低，特地過來挖人工智慧的相關人才。然而這些人終究只是臺灣社會的極少數，其他人怎麼辦？

一位臺大社會科學院畢業的年輕人一走出校門就創業，不到兩年就把從親友處募集的錢都燒光。然而他還是不想去上班，繼續到處募款後二度創業，不久之後又陷入困境。當我從商界朋友處聽到這消息時，忍不住問：難道這個年輕人從沒聽過翟本喬的創業故事嗎？

翟本喬在網路上被捧為「翟神」，據說智商至少兩百，在美國兩個頂尖高科技公司工作過，且留下傲人的戰績。因此，當他創辦和沛科技時，國人無不引頸企盼著他引領國內產業突破代工的魔咒，開創新局，讓臺灣重登亞洲四小龍之首。沒料到他卻在三年內燒光鴻海兩億九千萬的資金，在年逾五十的盛年收掉和沛科技。雖然這個耀眼創業與黯然收場的過程牽涉到很多不足為外人道的是是非非，但是創業維艱終究是個事實。

有評論者說：臺灣的投資環境、創業條件，以及政府相關的基礎建設都很薄弱，創業失敗的人往往「非戰之罪也！」我相信這個觀點裡含有很高成份的事實，然而這些事實卻又恰恰在佐證臺灣社會的創業維艱。

令人憂心的是，臺灣的媒體喜歡炒作未經嚴謹查證的傳聞，甚至肆無忌憚地把業配案當作新聞報導，使得年輕人經常誤把創業成功的例外當常態，甚至把訛傳當事實，而前仆後繼地倒在創業的血泊裡。

一個沒有家族財富支撐的年輕人不甘於在臺灣窮忙，畢業後不久就遠征東南亞，並且在二十七歲那年創業，號稱產品熱銷新加坡這個充斥全球頂尖品牌的城市，因而被電視大肆報導。然而經我反覆查證，不但找不到該產品有登陸新加坡市場的跡象，反而有很多間接證據顯示：這一則電視報導很可能是把廣告當新聞的「業配」案。

前文曾經提過「臺灣企業新創率全球第二，歇業率全球第一」，再加上媒體無法無天的「業配」案和各種置入性行銷手段，網路上所謂「青年創業成功」的傳聞中，恐怕訛傳、炒作、誇大的比例高到驚人。

支持青年創業的人說：即便創業失敗，創業過程中所能學到的功課也遠非上班族所能想像。這的確是事實，然而其代價之高也往往不是一般年輕人所承擔得起的。

因此，與其莽撞創業，還不如在畢業後先進入職場磨練出創業所需的基本能力，並且審慎評估之後，確實有可行性再行創業。畢竟學校的環境太單純，初出社會的人需要有一段跟職場、社會磨合的過程，才能知道職場與社會的複雜；而創業所牽涉的問題面向又遠遠超過上班領薪水，沒有充分準備而妄想「一招半式闖江湖」，滅頂的機會遠遠大於僥倖成功的機會。

要去大企業當可有可無的小螺絲釘，
還是去小企業見識一個公司完整的組織架構，
或者跟定一個老闆英明、有衝勁的新創公司？
這也往往是職場新人舉棋不定的煩惱。

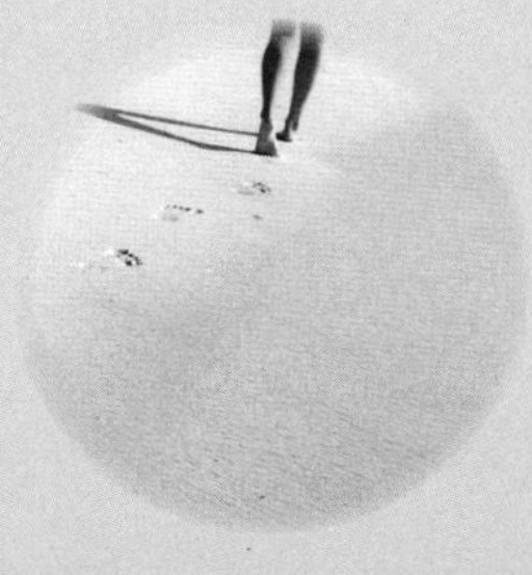

第三部

婚禮的祝福

在人際關係變化有如流水的今天，劈腿、分手和離婚已成司空見慣的日常情景。但是許多人卻仍舊死守著傳說中的愛情，在際遇不順遂時痛不欲生，或者害怕愛情。假如我們願意認真去瞭解表象背後的真實，將有機會跳出既有文化傳承的刻板模式，找到較好的態度，來面對這不確定的年代裡不確定的愛情。

走入婚姻與家庭的人，往往發現自己的婚姻好像比別人更不幸，終日活在衝突、爭吵與挫折裡。其實，婚姻中非常多的衝突並非當事人有問題，而是因為我們活在一個截然不同於過去的經濟與社會結構裡，卻又不自覺地陷入千百年來不曾變過的文化與制度陷阱。

學校教育從來不曾告訴我們「男人和女人對人生與婚姻有著截然不同的期待」，也從來不曾告訴我們如何去經營一個有意義，值得珍惜、懷念的家。社會教育也從來不告訴我們：結婚典禮不可能消弭兩人婚前生長經驗、價值觀和兩性文化的巨大差異，因此維持一個家庭需要費心地經營，而不能只靠戀愛時的兩情相悅。「經營一個家」其實是需要學習的，臺灣社會卻不提供任何正確知識。

每個婚姻都有值得珍惜的地方，只是我們都不知道該珍惜的是什麼。面對充斥社會的婚姻傷痕，錯的往往不是婚姻中的兩個當事人，而是缺席的學校教育、與當代生活脫節的婚姻制度與文化，以及錯得同樣離譜的社會輿論。

夫妻的情感連結這麼脆弱，而經濟的壓力與社會前景的黯淡又使許多年輕夫妻不敢生育子女，使得許多年輕情侶在經歷漫長的愛情長跑後還是舉棋不定地問：「為什麼要結婚？」如果有值得共度一生的對象，婚姻的努力還是值得的。不過，社會愈來愈多元，男性與女性對生涯與家庭也可以有愈來愈多樣的選擇。如果找不到合適的伴侶，不婚不一定是最壞的選擇。

Unit 14

不確定的年代，不確定的愛

對於許多人而言，戀愛的陶醉是人間最大的幸福。但是，愛情既像是神在造人時給他的最好禮物，同時也是祂賜給人的最大痛苦：祂讓我們有能力陶醉在愛河裡，又不讓我們在失戀時有能力平靜地向愛情告別；祂讓我們可以同時愛上兩個人，卻又讓我們沒辦法跟第三者共處。失戀與仳離的痛苦，讓愛情變成一場既可能甜蜜又可能錐心刺骨的冒險。

為了只要甜蜜而不要苦楚，從過去到現在，戀人的懷抱都是同一個模式：期待著永不分離的幸福。在五四運動那個新舊交替的時代裡，舊傳統是結婚、生子、終老都守著同一人，新傳統雖然堅持要有一個自由戀愛的節目，後頭接的還是老戲：跟初戀情人結婚、育子到終老，永不別離。

但是，這樣的期待往往難以成全。即使是林徽音和梁思成這一對五四時代的模範夫妻，在志同道合與共患難的基礎上建立了無法抹滅的深厚情誼，林徽音卻還是在婚後無法自抑地愛上金岳霖。

在人際關係變化有如流水的今天，離婚和分手更已成司空見慣的日常情景。面對這種情感的不確定性，我們與其鴕鳥般躲在一廂情願的期待裡，不如積極地尋索足以面對事實的態度。

人生的際遇，有時順利，有時不如意。得已時有得已時的期待，不得已時要有不得已的退路。何況，面對逆境，人的痛苦往往跟他的態度有著很大的關連。一位中年婦人在意外喪夫後一整年都走不出痛苦，一年後她還是終於重新建立了有說有笑的生活。喪夫之痛是真實的，不再傷痛也絕不該被拿來質疑以前的痛苦。但是這個事件讓我深刻感受到：人間沒有任何際遇是人所無法承受的，決定我們能否承受的關鍵還是在於我們願不願意接受事實。在前述的例子裡，痛苦是因為不願意接受已經發生的事實，走出傷痛則是因為終於不得不接受早已無可挽回的事實。痛苦得愈久不必然情感愈深，倒是覺悟得愈早愈可以縮短痛苦。

同樣的，愛情變調的痛苦或許有一部分出自於無法抗拒的天性，但總還有一部分是出於我們的意願。我們的文化裡隱約假定了出軌的人必然是出於理性選擇，因而是對自己的否定；或者是耽溺於新歡，完全不想管束自己。這些想像加深了當事人的痛苦，但在很多案例中這些假定根本違背事實。

在這不確定年代裡，假如我們願意認真去瞭解表象背後的真實，將有機會跳出既有文化傳承的刻板模式，找到較好的態度來面對這不確定的年代裡不確定的愛情。

終生不渝的愛情

《紅樓夢》第九十一回裡寶玉對黛玉說：「任憑弱水三千，我只取一瓢飲。」這句話感動過無數男女。但是在命運的捉弄下，寶玉卻在黛玉過世的那一個時辰被騙跟寶釵結婚。黛玉死後，他才逐漸斷了痴情，把對黛玉的愛移給寶釵。假如讓寶玉的移情發生在黛玉死前，即使在今天都會被天下罵以負心之名。

但是，在真實的世界裡，面對著失戀的人，我們總是安慰他：沒關係，你遲早會遇到一個真正愛你的人。這句話裡暗藏著一個信念：你將來會再愛上另一個人（或不只一個人）。如果我們相信失戀的人有機會在未來愛上另一個人，為何我們就不相信一個人有機會在未來同時愛上兩個人？

面對著寶玉的愛情，我們渴望著「弱水三千只取一瓢」的專情；面對失戀的好友或親人，卻又真心盼他放下舊人去找尋新人。我們堅持的到底是永遠不二的愛情？還是毋須專屬的愛情？實情或許是：人無法保證自己永遠不再愛上第二個人，但是仍舊期待著彼此可以一生只愛一個人。

在這個不確定的時代裡，我們最好有能力把期待歸期待，事實歸事實。我們可以期待著終生不渝的愛情，但同時坦承每一個人都有機會愛上第二個人。當自己的情侶或配偶愛上另一個人時，痛苦恐怕難免；但是如果事前坦然相信連自己都有機會愛上第二個人，事發時應該比較不會那麼難受，至少較有轉圜的餘地。

其實，很多人都不願意同時愛上兩個人。日本電影《東京鐵塔》裡有這麼一句旁白：一輩子只愛一個人是幸福，同時愛上兩個人則是痛苦。假如有一種藥丸，吃下去就可以永遠不再愛上第二個人，我相信很多男人和女人都願意在結婚當天吃下去，甚至在墜入愛河的第一天就吃下去。可惜，這樣的藥丸不存在，因此沒有人確知自己會不會在未來愛上另一個人。

在《東京鐵塔》裡，一個已婚婦女愛上閨房密友的兒子，一個小她二十歲的少年，電影裡有這麼一段旁白：愛上一個人就像是一種「墜落」（falling in love）的過程，那是一種無法抗拒的魔力。理論上，我們可以在知道愛上第二個人時就馬上踩煞車或滅火，以便信守愛的諾言；但事實上一個人或許可以成功地抗拒過九十九次的蠱惑，卻在第一百次時出軌。假如麥可．喬丹（Michael Jordan）在NBA冠亞軍爭奪戰裡投出一百個三分球而進了九十九個，大家一定不會計較沒進的那一個。但是，當一個人在情感上出軌時，輿論不會去問他先前有過多少次抗拒成功的紀錄，只會不分青紅皂白地亂拳把他打死。

很少有人說得出愛上一個人到底為的是什麼，如果我們接受這個事實，就意味著我們也往往說不清出軌的理由。法國電影導演路易・馬（Louis Malle）曾經拍過一部《烈火情人》（*Damage*），敘述致命的戀情。男主角是個家庭美滿的中年內閣官員，卻不可自抑地愛上兒子的未婚妻，並且熱切地渴望著彼此的身體。他們到處約會，最後兒子因親眼撞見做愛的場景而在驚嚇中墜樓喪生。男主角從此失去家庭、事業與人生的目標，在自責中移居國外，過著自我放逐的贖罪生活。數年後，他再度遇見女主角，卻已經對她沒有任何感覺。

愛上第二個人絕不值得鼓勵，但在許多案例中卻絕對不是出於蓄意。出軌往往更像是一時無法抗拒愛情的魅惑，而非理性的選擇，更不意味著愛新人勝於舊人。出軌有時候更像是一場車禍，不能說肇事的人沒有責任，卻更不能說肇事的人喜歡闖禍。因此，車禍中無辜的受害者，除了自認倒楣之外，沒必要跟隨錯誤的俗見在自己的傷口上撒鹽——絕對沒必要因此懷疑自己、否定自己，甚至於不見得有必要去質疑有過的愛情。

變調的愛情誓言

如果情感出軌，或者戀情無以為繼而即將分手，那麼過去的海誓山盟豈不成了謊言？不一定！要看你當時愛上的是什麼樣的人，以及你們有過什麼樣的共同經歷。人生是一連串事實的累積，雖然未來不見得會永遠都像過去，但是偶發的事件也不該被用來否定過去更長時間內持續累積的表現。

屢次出軌的人當然不值得信任，但是數十年內只有一次出軌紀錄的人卻不見得就因而比較不值得信任。如果這個人在出軌或情變之前的確信守承諾，真心地陪伴著另一個人走過生命的風風雨雨，在低潮與艱苦的歲月中不離不棄，甚至以自己的成長歷程來豐富彼此的生命，那就更不應該只因為一次的出軌而否認兩人生命中一同走過的全部軌跡。

該不該接納一個出軌後再回頭的人？這樣的人還值不值得信任，值不值得繼續相守？主要還是要看當事者到底是個怎樣的人。如果這是一個誠懇、樸實、真心的人，甚至是一個對人性的事實有深刻瞭解的人，過去的海誓山盟絕不會因而成了謊言。一個誠懇、樸實而真心的人應該會知道今天社會上各種情感的分合，知道自己不必然可以貫徹「終生不渝」的誓言；而一個對人性的事實有深刻瞭解的人，更加應該知道自己是在許諾超乎個人能力的誓言。但是，只要發誓的當時是真心的，出軌之前也確實都是真心真情，就不該因今日的出軌而減損當年許諾時誓言的價值。

一位心疼女兒的父親在婚禮上對女婿說：「我疼愛自己的女兒，但是今天你來要求我把女兒嫁給你，因此我有權利要求：你要像我一樣疼她，保證她一輩子的幸福。」這樣的情感很動人，但是這樣的要求如果變成契約文件，恐怕腦筋清楚的人都不該簽。

大部分的人應該都知道「一輩子只愛一人」並非單靠自己的意志就能成全，很多時候真的還要靠點運氣。在結婚典禮上承諾婚姻誓言的人，並不知道自己未來還會遇上怎樣的人，也不知道自己的意志是否能永遠堅強而絕無片刻的軟弱。但是，只要後來再遇上真正兩情相悅的人，就會陷入永無休止的考驗；在這考驗期間，不管有過多少堅強的時刻，片刻的軟弱就足以構成出軌的悔恨。如果一個人誠懇發願的時候已經清楚地知道這一切可能，他的誓言其實應該要被看得更有價值——因為這個人甘冒如此大的風險，去挑戰自己能力和機緣的極限。反過來說，一輩子不曾出軌的人不見得就是比較誠懇、真心而值得終生相守的人——他（她）也可以只是因為懦弱、木訥乏味，或者暗戀第三者而沒被發現。因此，面對出軌的人，最重要的應該還是要看兩人過去相處的實情，以及本質上這到底是不是一個樸實、誠懇、真心的人。

可惜的是，許多人沒有能力從彼此長期的交往看見一個人的內心世界，因而結合的基礎全靠誇大的求愛儀式來表明彼此的心跡。但是，鑽戒和包戲院求愛的劇情都可以抄襲，都可以靠金錢堆砌，因此一旦面臨出軌，就信心崩潰，完全無法從彼此過去的相處來分辨對方到底是無心或者蓄意。

犧牲自己，抓不住會褪色的愛情

面對這個時代裡高度不確定的愛情，很多女性都比男性更關心情感與婚姻的穩定性，也花更多的心思去維繫兩人的感情。在傳統的教養裡，為免傷及婚姻的穩定性，女性甚至被教導要去奉承男性的歡心。在茱莉亞・羅勃茲（Julia Roberts）主演的《蒙娜麗莎的微笑》（*Mona Lisa Smile*），我們就看到一九五〇年代的衛斯理女子學院如何教學生遷就丈夫與家庭。即使到了今天，臺灣還是有太多的男人受不了有自主能力的女人，許多女性也只好繼續委屈自己。

看著百貨公司一樓密集的化妝品和電視上看不完的廣告，我不禁常問女性朋友：「為什麼五十二歲的女人總希望自己看起來像是二十五歲？」她們的回答：「因為男人喜歡看起來像二十五歲的女人。」問題是：有必要嫁這種淺薄的男人嗎？假如全臺灣未婚的男人盡是這種色瞇瞇的德性，我會寧可單身也不去招惹他們！

女性為了維繫感情而努力想要保持個人魅力，這無可厚非——假如可以藉此取悅自己就更值得。但是，假如為了討好男人而犧牲自己的成長與獨立性，那就大可不必。尤其在情感容易生變的今天，一個獨立自足的女性比一個仰賴男人的女性更有機會獲得人生的幸福。其實，不懂得欣賞女性獨立特質的男人，往往都是不值得愛的人——理工學院的資優生裡多的是這樣的男人：他們把女性當作戰利品，而不當作一個有獨立人格、獨立自我與獨立生命的個體；太太對他們而言無異於豪宅、名車與家飾，只是用以見證自己的權勢與地位。

用美色吸引男人，吸引到的通常是不值得愛的人，也因此難以避免地會走向紅顏薄命的悲劇。西諺云：「美色只有一層皮膚那麼薄。」蘇菲・瑪索（Sophie Marceau）算得上是中外女星中罕見地具有吸引力，她年輕時樣貌清純、氣質出眾、眉宇間充滿靈氣，而身材更是玲瓏有致，恐怕很少有男人不被吸引。然而才不過四十五歲時，就已經顯得老氣。我不知道還有多少男性會被她吸引，恐怕絕大多數人都會說她已遠比以前更沒有魅力。蘇菲・瑪索尚且如此，其他中外女星恐怕更難逃逐漸凋零的命運。每次在電視廣告裡看到女星為自己身材或面容而得意的神色，就不禁為她們感到悲哀——生命這麼膚淺的人，一旦皮膚皺起來，還能靠什麼活下去？假如一個女人是靠外貌來吸引男人、維繫愛情，那無異於一開始就注定了始亂終棄的命運——她將會被內涵空洞的男人熱烈追求，也很難避免會在甜言蜜語中嫁給只愛美色的男人；一旦過了中年，就被這種淺薄的男人遺棄。

真正值得終生相守的男人，應該要有能力看見女性的內涵，為她生命的成長而喜悅，也因此應該有能力在五十二歲的女人身上看見成熟的魅力。獻身於黑猩猩保育的珍古德，二十五歲時她的相貌還蠻好看的，但是五十二歲以後白髮蒼蒼反而更好看。五十二歲的女人看起來像五十二歲，這有什麼不好？她的輪廓還是二十五歲那個樣子，但是卻顯得比二十五歲時更成熟、溫柔、優雅而有智慧。相較之下，二十五歲時稚嫩而顯得較沒有特色。這樣的面容顯示的不僅僅只是外表的美麗，它更顯示出隨著年紀而愈來愈成熟的內在風華與精神上的丰采。這樣的女性會隨著年紀的增長而散發出愈來愈成熟的魅力，也因此有機會保有不容易褪色的愛情。珍古德和第一任丈夫因為對保育工作的共同關切而結合，卻因為各忙各的工作而在十年後友善地離婚，此後終生保持著親密的友誼。不久之後珍古德再婚，直到第二任丈夫在五年後因為癌症去世為止。這樣的際遇或許還不夠讓人滿意，但是這樣的情感、婚姻品質應該已經足以讓許多人羨慕。

一個人該追求的是無悖於個人成長的內在魅力。因為，可以隨著年齡而變得愈來愈豐富，愈來愈吸引人的，並非外在的容貌，而是內在的氣質、才學與智慧，以及對人的各種委屈、無奈、悲傷、期待等心情，愈來愈能敏銳掌握而有的體貼、細膩與溫柔。反之，一個人如果沒有能力在青春老去的過程中逐漸發展出吸引人的內在氣質，想要靠外表來擁有不褪色的愛情，將無異於緣木求魚。

結語

戀愛的甜蜜與陶醉是值得終生回味的，但是兩人相扶持走過生命的低潮與風風雨雨，則更值得珍惜。至於一起攜手走過成長的軌跡，彼此鼓舞、相互啟發、相互成全，那更是人生難得的記憶。

兩個真心相愛的人，不該因為不順利的際遇而抹殺一同走過的歲月痕跡。在這不確定的年代裡，相戀不一定能結褵，但能相戀就應該要珍惜，這總好過一輩子不曾愛過任何值得愛的人；能結褵不一定適合一起扶養子女，但能共度新婚的甜蜜，總勝過不曾找到人一起許下婚禮的誓言；能一起扶養子女也不必然能白首偕老，如果有一天必須要分手，絕對沒必要反目成仇——孩子永遠是兩人共同的，一起相伴走過的人生路途上也總有值得彼此珍惜的記憶，如果必須取消夫妻的義務，還是可以當孩子的雙親，繼續各自貢獻心力，和諧地陪著他們走向人生更長遠的路途。

情人分手，該記得的是過去的美好。心懷仇怨而否定兩人共有的過去，猶如在否定自己生命的一部分，也讓曾經美好的過去變得醜陋不堪，這遠比單純地分手更加不值得。

假如我們可以懷著這樣的態度，即使在這不確定的年代，都還是可以篤定地說：所有曾有過的愛都還是值得。也因此，不管兩個人的感情可以發展到哪個階段，真愛永遠毋須後悔，也不須怨尤。

一個人該追求的是無悖於個人成長的內在魅力。

因為，可以隨著年齡而變得愈來愈豐富，愈來愈吸引人的，並非外在的容貌，

而是內在的氣質、才學與智慧，以及對人的各種委屈、無奈、悲傷、期待等心情，

愈來愈能敏銳掌握而有的體貼、細膩與溫柔。

Unit 15

怨偶與佳偶（上）

找到一個值得終生相許的人，只是讓婚姻有好的開始，但婚姻是一條坎坷的路，永遠有解決不完的問題。如果沒有持續不輟的用心經營，婚姻隨時可能會有嚴重的問題。可惜的是：很少人有這樣的心理準備和瞭解，總誤以為走過紅毯之後就必定一路幸福。

婚姻裡頭大部分都是不浪漫的事，但不表示它比戀愛更不值得。我們都是平凡的男女，在婚姻中要費心去處理許多非做不可的事：房貸與帳單、孩子的教養與課業，男人的業績壓力、上司的蠻橫無理與同事的革命情誼，女人的婆媳問題、娘家的牽掛與思念、整理不完的家務、不確定先生到底還有多愛她的焦慮等等。很多年輕夫妻忙到沒空生小孩，或者壓力大到不敢生小孩、而想生小孩的卻沒辦法懷孕。在心力耗盡之後，彼此能表現出來的關愛非常有限而隱微，但是它的價值卻遠超過言情小說的虛構情節和戀愛時的赴湯蹈火。譬如：兩人第二天都要在六點以前起床，他卻在十二點時讓妳先去洗澡，而強忍著自己早已撐不下去的體力，假裝他還不想睡。這種事沒什麼了不起，更談不上浪漫，卻含藏著非常難能可貴的情意。問題是，從來沒有人提醒我們這些枝微末節的小事有多難得。

學校教育從來不曾告訴我們「男人和女人對人生與婚姻有著截然不同的期待」，也從來不曾告訴我們如何去經營一個有意義，值得每一個家庭成員珍惜、懷念的家。結婚典禮不可能消弭兩人婚前生長經驗、價值觀和兩性文化的巨大差異，因此維持一個家庭需要費心地經營，才能夠在百般困難中看見彼此隱微的深情。「經營一個家」其實是需要學習的，臺灣社會卻不提供任何正確知識，只有電視上各種無厘頭的「評論」與八卦新聞，傳播著各種引人誤入歧途的閒言閒語。

於是，男人從家庭出走，靠著事業上的成就去滿足他的成就欲與野心，而女人則在家當怨婦或花枝招展地四處打發無聊時間。家，原本可以是一個情感最濃密、最貼心、最能滿足人的創造欲的地方；但是，它卻淪落為「人人都有一個，卻沒有人知道該怎麼辦」的地方！

其實並不是每個人的婚姻都不值得珍惜，而是我們都不知道該珍惜的是什麼。面對充斥整個社會的婚姻傷痕，如果一定要說誰錯，家庭教育、學校教育跟社會教育對婚姻實況的隱瞞或扭曲是最大的錯，與當代生活脫節的婚姻制度與文化則是同樣離譜地錯，因為它們根本就是共犯結構。

娶某（妻）師傅，養某學徒

這句河洛俚語是在說：結婚之後才知道養家不容易，必須從頭學習。第一個該學習的，是戀愛和婚姻的差別：前者是不需要負擔責任的享受，後者是為共同的家庭與人生目標而開始付出與奮鬥；情侶只需要彼此取悅與陶醉，夫妻卻需要為了成全一個理想的家庭而付出與承擔各種的現實。因此，根本不該用戀愛時的態度來處理婚姻中的兩人關係。

很多人婚前是人人稱羨的「神仙眷侶」，婚後還用戀愛時的習慣來期待對方，老是埋怨對方不如戀愛時的體貼、細心、忍讓，以至於最後只剩彼此的怨懟。其實，婚姻截然不同於戀愛，根本不可能繼續用戀愛時的方式表達關懷跟感情。

很多年輕的妻子渴望在婚後繼續享受戀愛時的呵護和甜蜜，卻沒想到自己已經從被呵護的對象變成要跟先生一起為家庭奮鬥的戰友和夥伴。戀愛之所以可貴，就因為它不是人的「常態」。戀愛時可以讓人不顧柴米油鹽和一切人間俗事，但這樣的激情遲早會消失。假如它永不消失，誰來替我們養家活口，照顧子女？我們又如何有時間從事自我成長與創造人生意義的活動？

雙薪家庭的妻子很難體會丈夫的工作壓力，每每抱怨：自己以家為重，先生卻總是以工作為先，而不能為家庭犧牲升遷的機會。其實，儘管男女好像已經平等，傳統文化還是殘留在我們的潛意識裡，視男性為家庭經濟的主要承擔者，不可以沒有工作；而妻子的薪資則是被用來改善生活，可多可少，不會造成夫妻的心理壓力。因此，男性不能失業的壓力遠超過女性，只能期待妻子當後勤總司令，把家務、雙親和孩子照顧好，以便自己全力應付房貸與職場的苛刻生存條件。

反之，妻子還是會把自己看成家務與子女教育的首要負責人，家裡凌亂或孩子功課不好時，妻子往往會比丈夫更自責。不僅如此，婆媳間的難題，以及如何維繫原生家庭的親情而不讓公婆吃醋，都是沒人教過解方的難題。這些心理壓力，其實很少有男性能體會。

婚姻中的男女心理壓力差距如此之大，但是社會上「男女平等」的表象卻遮蓋住大家潛意識裡的文化殘留，妻子會責怪丈夫不重視家庭，卻覺察不到丈夫是以另外一種方式在為家庭付出。一對年輕夫妻爭吵時，先生說：「我每年賺好幾百萬，除了三餐在公司吃自助餐之外，剩下的通通拿回家。我不抽菸、不喝酒、不看女人，為什麼妳還要抱怨？」「賺錢是你的興趣，我又沒有要你賺那麼多。我寧可你花時間陪孩子跟我。」「可是我如果不跟大家一起上、下班，下一批被炒魷魚的說不定就是我。」「我才不信，你根本是在為不回家找藉口。」

反之，很多男生很難體會妻子的心情。太太期待著跟他一起帶孩子去郊遊，已經等了好幾個月，杜鵑花開直到桐花落盡，等過初秋又到深秋。先生好像記不得有她跟孩子，許多園區新貴的太太自稱「園區寡婦」。很多夫妻警覺不到藏在潛意識裡的文化問題，一旦婚後不得不開始為生活與子女忙碌，就覺得愛情好像消失了，而陷入恐慌與怨懟。有些人甚至想盡辦法要把伴侶拉回到初戀時的情境，可想而知地必然愈努力愈傷心，甚至彼此怨懟愈來愈深。

夫妻吵架的必然性

我們潛意識中的文化觀念與婚姻制度處處在製造夫妻的對立，使得夫妻很難避免吵架，但不知情的夫妻卻會把吵架當作是對方的敵意，或者自己的不幸，因而沒想到要去解決潛意識裡不合時宜的文化與制度。

婚姻中的兩個人出身於不同的家庭，有各種不同的生活習慣與價值，絕不可能靠一紙結婚證書和一場盛大的婚禮，就徹底消除兩人間長期不同生活經驗所累積下來的歧異。有些人的家裡習慣節儉，剩飯剩菜一定要一再熱過直到吃完；有些人的家裡注重營養和新鮮，吃剩的一概當廚餘。這些看似無關緊要的差異，背後卻又往往帶著童年時家長灌輸的道德教訓與人格意味，使得小事情變成攸關道德與人格的衝突。

偏偏，婚後每一件事都必須要夫妻兩人共同作決定，共同承擔後果。大的如：子女教育與各項花費的決定，小的如要不要回娘家或夫家，都可以因為必須共同作決定且共同承擔後果，而激化兩人潛在的價值差異與文化差異。我和太太在兒子小時候決定給他買一架鋼琴，傾盡我們婚後好幾年的所有積蓄，只能買一架新的河合鋼琴，或者一架外表破舊的英國製三十年老鋼琴。我太太不曾接觸過任何樂器，她所有的生活經驗都讓她覺得三十年的老鋼琴形同廢物，這樣的投資簡直在被樂器行老闆詐欺。我出身樂隊又熟悉古典音樂，知道一架好的鋼琴可以用上五十年乃至上百年；而我的耳朵又聽得出老琴的音色遠遠好過新琴。最後太太硬著心腸順從我的決定。夫妻經常都處於這種極端的時刻，除非有高度的彼此信任，隨時會轉為尖銳的對立。這裡頭沒有任何情感問題，單純只是彼此被迫要跨越個人生活經驗的極限，陷入極端不安的冒險。

除此之外，戀愛時有許多假期和休養生息的時刻，你通常是在心情最好的時候約會，也只要在約會時遷就對方。約會一結束，就可以各自回家去休息，去縱容自己，去享受跟對方完全不一樣的心境與生活習慣。但夫妻是每天二十四小時的，全年無休。上班時一肚子氣，回家一進門就看見他要洗的外衣亂丟，妳也必須要忍下一肚子火——因為他也有可能被客戶惹得一肚子火，或者因為妳開車不小心而害他收到違規罰款而不高興。如果不小心吵架，妳不能馬上回娘家（否則衝突會再升高），不可以心情不好（否則會被怪罪「老擺一張臭臉」），又不可能馬上擺出笑臉（心情轉不過來，也不願意讓對方誤以為自己理虧或好欺負）。

上班慪了一整天，回家還不但不能放鬆，連一點緩衝的時間或空間都沒有！這樣的婚姻生活當然是猶如乾柴邊緣，隨便哪個人丟過來一根火柴就可以燒出一片大火。

雪上加霜的是：這個社會裡早就創造了太多「夫妻義務」的刻板模式，逼著夫妻間去履行許多毫無必要卻只會增加摩擦的「義務」。一個想爬山，一個想逛街，偶爾各走各的不是很好嗎？但是，想都不敢這樣想，反而直覺上覺得「這樣各走各的，豈不是像離婚一樣？別人看了會怎麼說？」偏偏「別人」又盡是一堆「櫻櫻美黛子」的無聊人，看到你們各走各的，有人會交頭接耳，有人會擠眉弄眼，有人會神色怪異地探問，有人會乾脆蜚短流長！弄得夫妻間整天被綁在一起，彼此都是對方的牢籠。

義務感是破壞婚姻的元凶

此外，坊間流行的許多夫妻互動模式都建立在謬誤的觀念上。譬如，要求「夫妻一體」，因而期待對方愛自己的親長有如親生父母。其實，情感是生活經驗累積而成，不可能因為結婚而自然的轉嫁到對方父母身上。因此，這種「夫妻一體」的期待根本沒有任何現實的基礎，但這種期待卻經常成為夫妻口角與彼此怨懟的重要原因。

明明夫妻爭執有其外在原因，而非遇人不淑，但是電視劇裡恩愛夫妻的假象與電視上八卦的談話節目，卻經常引發我們那種「遇人不淑」的哀怨，對於對方就更加地滿懷怨氣，老以為換個對象結婚就不需要這麼辛苦。因此，沒有辦法「甘願」地去努力面對彼此的差異，費心地去尋求彼此調適的辦法。

即使我們有時候願意費力去配合對方，我們也常常只看到自己的苦心，而在不自覺間把對方的努力當作「理所當然」，絲毫不加珍惜。心情不好的時候，更經常把對於對方的「期待」當作是對方的「義務」去加以要求。譬如，兩個生活差異那麼大的人，本來就很難隨時隨地都知道對方的心思，但我們卻經常蠻橫地責怪對方：「你就不會替我想一想嗎？」

尤其當我們因為家務或職場壓力而心煩氣躁時，更經常以極為蠻橫的方式要求對方、責備對方。對方的溫柔與體貼變成是「理所當然」的義務，而我們對配偶的粗暴程度，如果錄影下來，真的會讓自己和友人都瞠目結舌，無法置信。可是，我們永遠都只知道自己的委屈，卻看不到對方的委屈。夫妻兩本帳，每個人都覺得對方理虧，卻沒有警覺到：我們對待最親密的人時，往往遠比對陌生人粗暴無數倍！

偏偏，出門在外時，只看到別人夫妻恩愛的鏡頭，卻從來不曾警覺到：每對夫妻當然只有在彼此心情都很好的時候才會一起出門，誰會在吵架的時候一起出門？於是，只看到別人的恩愛而看不到別人的爭執；反過來，又只看到自家的爭執而看不到自家的恩愛。心情不好時，怨嘆更深，卻從來沒警覺到這是「用自己創造的幻象在折磨自己和配偶」。

走出夫妻吵架的文化與制度性陷阱

要跳出前述代代相承的婚姻模式，首先要覺悟到：戀愛的激情是注定無法持久的，換對象只是重複過去所有「興衰起落」的模式而已。只有靠著正確而合乎人性實然的期望與對待，才有機會透過兩人共同的努力，將戀愛的激情轉化為澹然卻更能持久的夫妻情。

但是也不能對婚姻抱有不切實際的幻想，要謹記一個事實：夫妻婚前是價值與文化相近卻不相同的兩個人，彼此有不同的生活經驗與背景，而且婚後絕大部分時間是在不同的職場環境與心情下，做不同的事，經歷著不同的心路歷程。因此，絕對不要期待對方是你肚子裡的蛔蟲，可以未卜先知地知道你的心事。有事要用說的，不要老是怨對方猜不到，或者沒有整天想著你。（他要真整天想著你，才真的有病！）

其次，我們要徹底體認到：夫妻吵架，有許多問題出在整個社會既有體制設計上的不合理，以及整個社會流行的謬誤成見，而不見得是「遇人不淑」。要覺悟到「換個結婚對象說不定還更糟」，才會痛下決心來面對婚姻中的各種問題，經歷各種繁複的挫折去尋求彼此最佳的互動模式。

改善婚姻關係的第一步，是徹底放棄用「義務」或「理所當然」的態度去要求對方，責備對方。重新回到「沒有一件事是理所當然的」的原點，回到「準同居關係」和「合夥人」的立足點上去，彼此解除對方所有的婚姻「義務」，然後我們才會重新看到對方為我們所做的一切。

然後要一起檢討既有婚姻制度中不合理、不自然，以及不合人性的地方。要敢於突破既有婚姻制度的不合理規範，不需要堅持的「義務」都該積極地在對方的同意下予以解除，根據兩個人的獨特性，重訂適合兩人的「婚姻契約」。婚姻制度竟然可以像「販厝」的買賣契約一樣「量產」，完全不顧及「每對夫妻都不同於其他夫妻」的事實，真的不可思議！譬如說，絕不可以要求配偶像你一樣愛你的家人，除非你自己真的做得到；和朋友約會時，讓配偶完全自由選擇要不要一起去。

此外，我們必須要放棄「夫唱婦隨，如膠似漆」的美麗謊言，重新認清：夫妻在婚前是具有不同文化、價值與家庭背景的兩個人，在婚後也還是兩個人。夫妻只是「相交而不共線的兩條線」（這總已經遠比「不共線、不平行、也不相交的歪斜線」好太多了吧）。在「求同存異」的原則下，尊重對方的差異性與獨特性，嘗試彼此瞭解而不要彼此干預。讓夫妻成為聯盟或合夥關係（各自保持其獨立性），而不要變成「併吞」或「侵占」的「封建關係」。

其實，偶爾夫妻各走各的路也蠻好的，不需要兩人整天「褲帶結在一起」。只要對方堅持而又不是明顯的不良嗜好，就讓他保留婚前的興趣與價值。這樣，才有機會解除一部分夫妻間沒必要的壓力與緊張關係。

最後，當你一肚子火正要發作時，千萬要記得並堅信：「夫妻各有一本帳，每個人都必然最清楚自己的犧牲，而不見得會看見對方所有的犧牲，因此每一個人的帳本裡都是自己犧牲得多，對方犧牲得少。事實上，夫妻間的帳永遠算不清楚，也沒必要算清楚。」這樣才不會老鑽牛角尖，老以為對方欠自己的多，而為自己覺得哀怨。

假如不幸吵過架，更要記得：「夫妻間沒有什麼輸贏，也沒誰欠誰多那回事。」假如一定要談公平，能力強的人要擔當比較多。所以，為了一個更好的家，能擔多少擔多少。擔得多的能力強，這才是夫妻間真正的輸贏。要贏在擔當的能力上，而不要贏在面子上。

走出刻板的制度陷阱

每一個男人都不同於另一個男人，每一個女人也都不同於另一個女人，因此，每一對夫妻都截然不同於另一對夫妻。事實如此，我們的文化卻潛在地硬要每一對夫妻都奉守同一套婚姻守則，這實在毫無道理！

既然社會的既有事實已經是夫妻兩個都被教育成渴望有獨立的人格，也都有各自的生命史與好惡，就應該讓婚姻成為兩個生命相互成全的盟約，而不是相互兼併與消滅的過程。因此，婚姻中既要有求同的過程，也要有樂於彼此存異的認知。把一個家庭當作一個多元文化的組合，其實可以比硬將它變成一元文化的獨裁還有趣。

譬如，婚前各有各的朋友，不可能一旦結婚就忽然喜歡上對方所有的朋友。因此，當先生或太太跟舊友相聚時，最好是讓對方選擇是否一起出席。同樣的，婆媳的感情是要靠時間培養的，不可能靠一場婚禮就讓妻子對婆婆產生母女情感。因此，假如太太因為緊張或壓力太大，不想頻繁地陪先生回家，先生要盡量去體諒。婆媳之間不由自主地會有一些緊張，不是善意就能解決的。或者，如果太太覺得去婆家壓力太大，可以考慮把先生的家人請到小倆口的家或一起外出用餐，妻子的壓力往往會比較小，婆媳相處起來也會比較愉快。不要野心太大，夫妻情感都搞不好，還一時一刻地馬上要搞一個「情感融洽」的大家庭。想想看，你對她爸爸真的可以做到「情同父子」嗎？如果你做不到，為什麼她就做得到？

盡量給彼此保留個人的情緒和風格的餘地，減少彼此沒必要的壓力。不要動不動就要「兼併與消滅」彼此的個性。譬如，讓對方用他的方式關懷你和小孩，覺得不妥時可以商量，意見不合時要有能力傾聽，但是不要用命令的語氣逼對方用你指定的方式表達他的關懷。

有人問過我：假如夫妻可以有這麼大的差異，那豈不是跟不結婚沒有差別？當然還是不一樣！

假如夫妻倆都是用心生活的人，每天吃飯與睡前聊一聊個人對人生與社會的省思、無奈、興奮、不滿等等，讓夫妻成為終生成長過程中的伴侶，那不是很值得？其實，知心朋友的關係才是夫妻間最能持久、最無法被外人取代的那一份情。假如夫妻像朋友，一路走來可以分享彼此的心路歷程，再加上疾病與患難時的相扶持，即使別人想介入夫妻的生活，也不可能完全取代對方。

此外，面對子女，各自貢獻出自己最能幫得上忙的那一份力，灌溉共有的生命幼苗。這種心情故事的分享，疾病患難的相互扶持，子女喜悅的共有人，子女成長的合夥人，不正是夫妻間最值得珍惜與期待的嗎？

能捨才能得，把夫妻間所有美好的假象與沒必要的「義務」都給捨棄以後，我們才會發現夫妻間早已享有遠遠超過一般朋友的「恩情」：生病時彼此照顧，心情不好時彼此傾聽，為共有的子女奮鬥、驕傲、喜悅，各出一份心力為孩子創造一個值得珍惜的家。這一切，都不是「死忠」朋友能和你共有的。反過來說，你不能期望「死忠」的朋友為你做的事，也不該把它當作另一半的「義務」，用粗暴的態度去苛責對方。

改善婚姻關係的第一步，是徹底放棄用「義務」
或「理所當然」的態度去要求對方，責備對方。
重新回到「沒有一件事是理所當然的」的原點，
回到「準同居關係」和「合夥人」的立足點上去，
彼此解除對方所有的婚姻「義務」，
然後我們才會重新看到對方為我們所做的一切。

Unit 16 怨偶與佳偶（下）

絕大部分新婚夫妻在婚後一年左右會開始極為嚴重的衝突，甚至於對婚姻感到絕望，以為再也救不起來。這個時候往往不自覺的就會想到：「因為誤會而結合，因為認識而分開。」很糟糕的是，身邊聽他們抱怨的朋友也經常糊裡糊塗就下結論：「他們實在結婚得太快了，還沒有足夠時間真正地瞭解對方。」

其實，婚姻的道路之所以坎坷，就是因為我們不可能在婚前認識對方的全部，而頂多只能認識到對方的四分之一。

婚前不管是情侶或朋友，都不需要處理共同的財產，做出共同的決定，並且承擔共同的後果。而且，我們會彼此遷就。因此，就算知道彼此的差異，也無法知道對方在意的程度與容忍的底線。戀愛是生活中最美好的一小部分，也是我們遷就能力最強的時候，分手以後就可以各自休息，因此戀愛的過程往往讓我們高估自己忍讓的能力與低估彼此差異的可能殺傷力。即使同居，只要不涉及處理共同的財物，承擔共同決定的後果，兩人的差異就不會被突顯得夠清楚。因此，查理王子婚前誤以為黛安娜王妃可以被「改造」，而黛安娜王妃也沒有足夠機會瞭解到她跟查理王子價值觀上根本的差別。

結婚之後，夫妻會被強加許多事先想像不到的制度性義務，這才會看見婚前看不到的第二個四分之一。一個基督徒女孩嫁了臺大電機碩士，婚後住在南部科學園區旁的小豪宅，快樂無比。婚後先生常常自己回不遠的老家，半年後才發現他工作不順利時都會跟媽媽去廟裡燒香求籤。後來兒子出生了，婆婆動不動就要她兒子吞廟裡求來的符水。因為嚴重違背她的信仰，使她無比痛苦，這才警覺到：原來她不是嫁給一個人，而是嫁給一個家庭。黛安娜王妃呢？婚前她絕對想像不到自己的親和形象竟然被夫家當作有失皇室的威嚴，而她的服裝品味更被視為既奢侈又不合皇室的莊嚴。

很多人會在婚後勉強忍受夫妻間的差異，但是孩子一出生，就再也不願意自己的孩子變成另一半那種讓人無法忍受的價值與品味。孩子的教養往往會把最細膩而難覺察的文化、價值差異突顯到最尖銳而無法妥協的程度，這時候夫妻倆才看清楚彼此的第三個四分之一。黛安娜堅持要打破皇室傳統，讓孩子上平民小學，去認識跟他們生活在同一個國度的人。但是此舉卻被皇室視為對傳統的挑釁，從此埋下與夫家破裂的種子。有位從小家教森嚴的婦人，嫁進豪門，卻發現先生嗜賭成性，經常半夜不歸，後來甚至收了家傳事業跟朋友到澳門合股開賭場。她從小的家教視賭為萬惡之首，但是家裡的吃用卻來自賭場，因此痛苦不堪。她為了孩子而忍耐了十幾年，後來發現兒子沉迷於賭博電玩，終於忍不下去而帶著兒子跟丈夫仳離。

即使勉強跨過三個四分之一，許多夫妻各忙各的事業和家務，聚少離多。還有很多「科技新貴」的妻子形容丈夫：「他醒著的時候都看不到人，看得到人時都不曾醒著。」先生關心事業上的成就，而太太關心自己內在的成長，二十年過去了，孩子長大了，太太在情感、思想與外貌上都變成了熟女，先生的內在情感與思想卻還是跟二十年前一樣幼稚，對人性的體認僅止於商場和職場的險惡。婚後的成長與變化，是婚前絕對看不到的第四個四分之一。許多日本夫妻也是這樣各過各的日子，等到丈夫退休時，妻子發現那是一個已經不再能談心的陌生人，因此六十五歲變成日本人第二個離婚的尖峰期。

面對著這必然無法在婚前完全看透的四個四分之一，與其說婚姻是一種冒險，不如說婚姻是一種必須持續花心力去維護與經營的兩人關係。累當然是累，但是經營成功的話卻能得到一輩子最值得珍惜的感情與回憶。

如膠似漆與相敬如賓

要走過婚前的四分之一，其實是很容易的事。但是，如果可以認真吸收這一階段的相處訣竅，將會大大地有助於順利走過後面的三個四分之一。

在我們的社會裡（甚至在絕大部分的社會裡），我們不自覺地在「夫妻」和「朋友」之間設定了兩種截然不同的對待模式。面對朋友（不管多知心或親近），我們會不自覺地進入一種「迂迴謹慎、彼此尊重對方的完全獨立與自主性」這樣的互動模式。不管是跟對方談什麼問題或提供什麼建議，我們會不自覺地在防範「越界」。我們會機警地察覺到雙方意見可能開始有歧異，我們會警覺到對方在這個歧異點上似乎有所堅持，我們會迂迴地探測對方在這個歧異點上堅持的程度，以便決定我們提出建議時要曖昧到什麼程度。

即使是情侶，我們也會不自覺地將互動的模式設定在「她為她的生命負責，我沒有辦法替她活，沒辦法替她承受任何後果，也就沒資格叫她依我的意思做。反正，其實我對自己的主張也沒有百分之百的把握」！

每個人都有他不可侵犯、不可挑戰、不可以質疑的核心意義與價值。這些部分，可以說是一個人不可碰觸（untouchable）的「地雷區」。在朋友的互動模式裡，因為我們自動設定在「兩個獨立自主，各自為自己的決定負責並承擔後果，誰都沒有權利改變誰」的互動模式下（電腦術語叫做「安全模式」safe mode）。因此，我們自然地從地雷區外部審慎地摸索前進，即使不小心觸發地雷，總還留有可以迴旋的空間和距離（如果太靠近當然朋友就翻臉囉）。

一旦結為夫妻，不但制度設計上兩人突然被迫要「事事共同決定，事事共同承擔後果」，我們對「恩愛夫妻」的想像更要求彼此在情感與情緒的反應上完全一致。因此，夫妻互動模式被自動設定在「地雷區內」。

我們經常因為自己懷著關愛與善意，就誤以為這足以合理化一切言行，因此，完全不去提防自己的主張可能正在嚴重傷害對方絕不可侵犯、不可挑戰、不可以質疑的核心意義與價值。在「夫妻一體」的意識型態下，我們直接站到地雷區內卻很天真地以為「我是懷著關愛與善意，所以他不應該介意」；等對方不愉快了，我們還覺得自己在「關愛與善意」的保護傘下，而沒有馬上提高警覺，甚至還往往覺得：「我是你太太，你怎麼可以這樣對我？」等到對方發火了，我們匆匆忙忙地想從地雷區退出去，這才發現不知道退路在哪裡，邊退邊觸發地雷區內滿布的地雷。於是我們火大了：「我已經夠委曲求全了，你還要我怎樣！難道夫妻吵架都是我的錯？為什麼你就從來不曾錯過？」這時候對方才發現，原來他也已經闖進你的地雷區了。你也有你的尊嚴、你的屈辱，以及你最珍惜的一些情分與堅持。

其實，每一個人都在他漫長的成長過程裡有過無法抹滅的傷痛、屈辱、感動等刻骨銘心的經驗，並因而發展出特別脆弱、敏感或堅持的事，這些事是深刻的情感記憶，不可能用理性溝通去移除，也往往無法只因兩人的感情就消失。因此，即使是再親密的人，也不該去冒犯、侵入，這無關於愛或不愛，而是能或不能。

婚姻是允諾要彼此委屈成全，但不可能像清除電腦記憶體那樣抹除一個人的生命史。因此，要一個人因為結婚而對另一個人不再保有地雷區，其實是一種蠻橫無理的要求，而非愛的表現。因此，即使鶼鰈情深，也該有相敬如賓的時刻。

婚姻不是兼併與消滅的過程

在女人沒有家庭地位的時代，碰到這第二個四分之一的衝突時，通常只有一個人重傷（女人），因此男人很少覺得需要調整他們自己的步調。

但是，在這個女人也有家庭地位與自主性的時代裡，一旦遭遇到第二個四分之一的衝突時，兩敗俱傷的場面是最常見的。因此，許多老一輩的夫妻在晚年都懶得理睬對方——哀莫大於心死。在二十一世紀的今天，要不要去熬過這第二個四分之一所引起的衝突，經常嚴重考驗著婚姻中的雙方。最悲哀的當然是：一個已經接近心死，另一個卻完全不知情地想挽回，卻又嚴重欠缺技巧與對事態的掌握，繼續用令人厭煩的質問、逼迫、責備、否定或質疑對方人格的方式，因而強化對方的傷痛與離去的決心。

比較好的狀況，是雙方警覺到第二個四分之一的存在，放棄「夫妻一體、同甘共苦」的理論，坦白承認雙方不僅有價值與文化上的差異，甚至於對彼此的第二個四分之一也簡直一無所知。然後，不要再強調對方有義務知道你的這個四分之一，也不要再埋怨（要埋怨的話不如離婚算了，這樣彼此折磨，對誰好？）。踏踏實實地面對問題，重新自覺地把互動模式調整到「知心朋友」的設定狀態，機警而迂迴地由淺入深，彼此表白，說明對方在哪些時候（用什麼樣的方式）侵犯了不可侵犯的地方。

甲傾訴時，乙要完全放開「是非對錯」的考量，不插嘴不質疑地傾心聽完對方的話。反過來，乙傾訴時，甲要完全放開「是非對錯」的考量，不插嘴不質疑地傾聽完對方的心聲。千萬不要又無知愚蠢地以為「夫妻一體」，在地雷區內堅持要對方承認他最核心的價值是不合理性或錯誤。

屬於一個人的核心信念，只能靠他自己改，另一個人絕對沒有權利或能力去強迫他更改。我常模仿牧師的口吻提醒人：「他是上帝用祂的權柄造的，上帝要把他給造成這個樣子，你以為自己是誰，竟自以為可以改變上帝所做的功？」換個現代性的說法，除非你在移除他的價值信仰後，馬上可以給他換上一整套他能當下心悅誠服的完整價值體系，否則你叫他在核心信念被除去後，靠什麼支撐去過活？

即使是夫妻，也不可以用逼迫或「義氣凜然」的方式叫對方撤除他的核心價值與信念。懷著愛與關懷也不可以！不可以就是不可以！生命就是以有機的方式逐漸變化的，他絕對不接受突兀的變化，即使是為了真理也做不到！因為，他在生活，他不是在耍嘴皮、講道理、寫文章！溫血動物要改變體溫都很難，何況是一個人花了幾十年累積出來的價值與信念！

假如你們真的可以彼此有這樣的認識與尊重，遭遇到第一個四分之一的衝突時，首先彼此先傾聽，確定不但真的弄清楚了地雷區的地理位置，還知道它的內部機關設計與觸發程序，就像對待「知心朋友」那樣拿捏分寸，適可而止地讓對方保持著他最真心的價值與情感（即便你是大大地不以為然或覺得荒謬異常）。古典用語裡，這叫「相敬如賓」、「不可輕狎」。

假如你確實以為他所堅持的「又不是最好的」，那為什麼不能接納「次好的」？假如你確實以為他所堅持的是「罪惡的」，那你倒真的只好在離婚和「逼他悔改」之間選一條路走了（不過，他要能悔改，早被他父母師長朋友給改造了，還會留下這個工程給你嗎？）。

很多女性都像瘋了一樣，覺得丈夫的堅持或理想太「幼稚」、「不負責任」、「自欺欺人」，就使盡一切力氣要用「愛情」來「改造對方」。結果，丈夫馬上就後悔說：「討的原是個溫柔的太太，怎麼一回家就比我媽還嘮叨？」

夫妻本是兩個不同的人，有不同的稟賦、家庭教育與習慣，經歷過不同的成長經驗，而發展出不同的價值與信念。只要對方是樸實、善良而誠懇的人，就能「求同存異」，而不要硬逼對方接受自己的價值，或者硬逼自己接受對方的價值。

可惜，很多人無法適應從「恩愛夫妻」要回到「知心朋友」的過程，經常「滿懷善意」或「義之與比，雖千萬人吾往矣」地想要「改造對方」，以至於夫妻關係變成是「兼併與消滅」的過程。

一個男人一再以不恰當的方式想要說服妻子接受他宗教信仰中的一切規範，無解之後充滿挫折地跟我說：「我覺得你說得很有道理，人是不可能改變另一個人的；因此，要解決婚姻的難題只有一個辦法：兩個人裡面只能有一個人有意見。」後半句不是我說的！在傳統中國裡，只有男人能活，而女人根本就只能活在有身體而無意志與靈魂的黯淡生活裡。假如這樣，婚姻將變成一個主人和一個奴隸，我完全看不出這樣的婚姻生活有何意義！

如果我們真的能體會到要克服第二個四分之一對彼此都是非常辛苦的事，或許會有耐心一點一滴地在地雷區內小心摸索著過活。這樣過個十年或十數年，才有機會摸清楚彼此地雷區內的狀況。

沒耐性的人會對配偶說：「你到底有多少心事，幹嘛不一次說清楚？」真實的人怎麼可能一次說清楚所有的禁忌？禁忌就是碰到痛處才會叫，事前要他說，他還以為你是他肚裡的一條蛔蟲，什麼都不用說就明白了嘛！很多人喜歡勸人「委曲求全」，最值得委曲求全的其實是夫妻關係，不小心碰到地雷只能自勉「下不為例」。認識一個人本來就是一輩子的事，不可能靠一場戀愛或一場婚禮就讓彼此了然而毫無誤會。想要和任何人有較深入的相處和瞭解，本來就是要透過這一段的歷練。深刻的感情急不來！人必須要相處夠久，對彼此的誠意有足夠信心，才能夠彼此有愈來愈深刻、細膩的瞭解，而較輕鬆地出入地雷區也不去引爆不該招惹的禁忌。但是，這過程總是要花很多心力，不可能不勞而獲的。

有些年輕的夫妻取巧，乾脆把家務的決定權分成兩個部分，一部分讓丈夫有最終裁量權，另一部分妻子具有最終裁量權。如果夫妻溝通與傾聽的技巧不夠好，我寧可看見這樣「分工合作」的夫妻——至少保住感情而免去沒必要的衝突。

我問一對同居了幾年的年輕人：「會不會彼此傷害？」他們回答：「我們沒有結婚，不會彼此傷害。」那，不結婚多好！是嗎？

已婚的人也可以當作彼此是在同居，只要彼此解除對方的義務，就可以享受同居的自由自在與彼此的尊重呀！如果可以如此自在地看待婚姻而不要去強迫對方，就有機會在共同生活過程中細細密密的事實裡彼此瞭解，彼此相惜。

要說婚姻很簡單，其實也可以，只要不犯「義之與比，雖千萬人吾往矣」的霸氣，日子就可以過得較平順；只要相處夠久夠深，就會在彼此扶持的過程中有一份深厚的情分。人就需要一個伴，生病的時候，寂寞的時候，悶得發慌的時候。要有個伴就要付出，就要學習接納對方，學會尊重對方。

婚姻很難不是始於愛情，但是兩人終生相守為的不該是戀愛時的那種激情，而應該是相扶持、相體諒、相互成全、相互分享的夥伴關係。

婚姻應該要成為異文化的結盟與相互啟發、激盪，而不是兼併與消滅的過程。

求同存異的婚姻關係

其實，關心的方式絕對不是只有一種，人生的理想也不是只有一種！很難說只有妳的那一種關心或人生理想是對的，而和你的期待不一樣的就一定是不值得的。只要生計無虞，讓對方用他真心相信的方式去追求他的人生目標，而不要老是用你的方式去檢驗對方的理想。讓他用他擅長的方式來貢獻給這個家庭，不要一邊用你的尺度去否定他對家庭的用心，一邊又用你堅持的方式去「改造」對方。

不得已必須做出共同的決定時，要記得：沒有人能確定怎樣做一定是最好的！不要因為不知道該怎麼做最好，或者不確定對方的方法一定可行，而把你的焦慮轉化為對於對方的質疑、批判，乃至於情緒化的攻擊。如果你很確定自己的方式更好，試著跟他溝通；如果你不確定，心平氣和地說出你的焦慮（對事而不是對人），說完就算了，不需要堅持。人生絕大多數的事情都不是人所能預料的，有哪些事我們真的有百分之百的把握？為了沒把握的事爭執，不值得。偏偏這又是夫妻吵架最常有的原因：兩個人都不確定怎樣做最好，卻只知道責怪對方的議案不周全！

甚至於每個人都有偷懶、軟弱、情緒化的時候，只要不是持續性的，偶爾縱容（或體諒）他一下。家事大家都要分擔，如果有什麼事看不慣，可以協商請對方用他的方式在大家都還可以忍受的時段內解決，或者自己去做，就是不要逼迫對方非得在特定時刻裡用特定的方式完成不可。

佳偶有一部分是天成，但有更大的一部分是彼此尊重、彼此陪伴，以及苦心經營的結果。戀愛可以是命中注定，良緣卻絕對脫離不了經營家庭與婚姻的能力與苦心。

我問一對同居了幾年的年輕人：「會不會彼此傷害？」

他們回答：「我們沒有結婚，不會彼此傷害。」

那，不結婚多好！是嗎？

Unit 17

不婚，不是最壞的選擇

一個即將跨過三十歲的文藝女青年焦急地問我：「我很喜歡一個男生，可是他對結婚好像一直有點保留。」我問她：「你們認識多久？」「三個月。」「為什麼不再給雙方一點時間等等看？」「可是我已經快要滿三十了耶！」「妳很確定他是妳想終生相伴的人嗎？」「其實我們能談的話題還是有點局限。」「妳最在意的是哪些？」「他太在乎賺錢，對人文的東西完全沒有興趣。」「我對這種帶著勉強的婚姻很不放心。」「老師，我可不可以在婚後慢慢啟發他對人文的興趣，逐漸改變他？」我不看好這樣的婚姻。

就像我前面所提過的「四個四分之一」，婚姻確實是一種冒險，但冒險也要有值得冒險的理由。最起碼，你們要能彼此尊重或肯定彼此最核心的人生價值與意義感，即使無法夫妻相隨地一起做每一件事，至少要有興趣聽一聽對方最關心的事。當代的婚姻需要彼此相當大的遷就與成全，假如彼此的核心價值南轅北轍，婚姻中的遷就與妥協將會變成毫無意義的折磨。

與其為了嚮往婚姻或避免老來孤單而勉強把自己塞進這樣的婚姻裡，我覺得還不如不婚！

女兒出生後不久，我的一個女性朋友就帶著幼小的兒子離婚，隻身去美國尋找新生活。她會離婚，是因為先生覺得她太能幹：「我喜歡妳在家照顧家庭和小孩，而我則像敏捷的狼一樣出外獵食，為你們母子搏鬥、冒險、拚命，這樣我才覺得自己像個男子漢。可是，妳比我能幹，讓我在不到三十歲的時候就像一頭衰弱的老狼，不知道人生有什麼值得奮鬥的目標。」跟我同輩份的男性喜歡女生撒嬌、柔弱，而不喜歡女生獨立、自主。但是這樣的女性不但很容易沒有屬於自己的人生，而且一旦離婚就很容易失去全部的生活能力。反之，有獨立自主能力的女生往往不容易討男生歡心，婚姻的路途將會比較艱辛，甚至必須要冒不婚的危險。為了女兒的未來，我從那時候就開始思索她的教養與婚姻問題。

這個難題困擾了我許多年，最後才下定決心：我要把女兒教養成有獨立生活能力，有自己的人生憧憬的人，即使她可能會因此冒著不婚的風險。

不婚，不是最壞的選擇，所託非人，或者為了婚姻而犧牲自己的人生，那才是更壞的選擇！

單身，是每個人必備的能力

有一次演講結束時，一位滿臉深思的男性以非常堅持的姿態站在會場的角落，等著跟我說話。他看起來是很聰明的人，對於我所提到的「四個四分之一」深表認同，但是對於解決問題的辦法卻另有主張：「老師，兩個獨立的生命在結婚之後確實還是兩個獨立的生命，而不會事事意見相同；解決問題的辦法不是平等地溝通，而是一方可以有權做決定，另一方只能服從。否則溝通到最後一定是變成爭議，爭議到最後一定是冷戰或鬥爭。兩個地位平等的人永遠不會有和平的時候。」他那聰明而深思的表情一直深刻地烙印在我腦海裡，猶如這一段生動有力的獨白。我事前很難想像一個這麼聰明而深思的人，究竟在婚姻中有過多少的挫折與絕望，竟然會提出這樣一種主張。我只簡潔地回他一句話：「但是，你的提議等於讓一個人可以活下去，而另一個人則成為沒有靈魂的奴隸。」

在傳統社會裡，經濟能力掌握在男人手裡，為了徹底免除婚姻中兩性的爭執，有過「男主外，女主內」的說法，但是更多父母則乾脆把女兒調教成事事依順，甚至沒有思考能力。「女子無才便是德」，這不只是中國傳統社會的陋習，也是西方世界長久的承襲。在茱莉亞・羅勃茲主演的《蒙娜麗莎的微笑》裡，一九五三年的衛斯理女子學院仍舊把培養出一個附從於男人的新娘當作教育的目標，而不管這些女子原本有多少的才華。

但是，有了經濟自主能力的當代女性，真的還有必要為了婚姻而犧牲一切嗎？真的有必要為了維持婚姻而從一開始就把自己的大腦與靈魂一起切除，以便取悅男人，當他們的玩偶或家具嗎？

我常不以為然地在演講中問女性聽眾：「為什麼五十二歲的女人都喜歡自己看起來像二十五歲？五十二歲的時候看起來像五十二歲，這有什麼不好？」通常我都會聽到一片細聲的低語：「因為男人喜歡看起來像二十五歲的女人。」我很想回答她們：「如果一個男人只喜歡看女人的外貌，這種男人根本不值得嫁！」因為這種男人遲早會厭棄妳，因為這種男人不懂得珍惜感情，也不值得妳為他付出感情。但是我沒有說出口，因為大部分的女人都已經嫁了這樣的男人。

一個男人如果看不見女性的內在美，不懂得尊重女性的獨立人格與生命，或者只喜歡嬌滴滴地倚附著男人的女人，這種男人根本不值得嫁——因為那是一個毫無內涵，完全不懂得愛的男人。嫁給這種男人的下場，只能是終於離婚，或者整天擔心著他會移情別戀。如果需要整天想著要如何討好這樣的男人，整天擔心這種男人不知道要被誰勾引，那跟沒有自己的人生有什麼兩樣？與其這樣地放棄自己的人生，不如選擇獨身。

一位離婚的女性跟我抱怨：臺灣社會的社交生活都是為已婚的人設計的，失去婚姻的女人就失去了朋友和社交生活。不會吧！許多西餐廳最時髦的早午餐（brunch）和午茶都是專為那些寂寞的貴婦們設計的。她們一大早起床先伺候先生上班、孩子上學，然後自己一人或三、五好友一起去吃早午餐，或者料理完家事以後去喝午茶。很多已婚的人過的生活還是像單身，更多女人發現孩子上了國中之後就有他們自己的生活圈，而先生則有他自己的同事、客戶和交際圈，只剩下自己名義上已婚，實際上根本就沒有家庭生活可言。

說穿了，在當代這個忙碌的社會裡，一家人想要每天一起吃一頓飯都難，已婚、未婚都必須要有獨立過活、自己排遣寂寞，或者自己追求自己人生的能力。反過來說，一個沒有自己生活目標的媽媽將是孩子們未來最大的精神負擔，以及先生忙碌的職場壓力外另一個必須要伺候的負擔。在當代生活裡，沒有自己的女性根本不會討任何人喜歡。還不如自己高高興興地去追求自己的人生，不需要任何人陪伴，也不需要倚附任何人，這樣一家人相處起來更沒負擔，更沒心理壓力。

再者，人生風雲難測，有些人四十歲喪偶，有些人五十歲喪偶，屆時還是必須要一個人過活。何況，當代婚姻那麼脆弱，勉強的婚姻很少不是以離婚收場。既然如此，何必從一開始就去遷就不適合結婚、不懂得感情的對象？

婚姻誠然是一種冒險，但起碼得要找一個有機會成功，值得一起去冒險的人。

等待，也許更值得

我認識一對同是教徒的夫妻，他們都很晚婚，因而也晚生子。這位先生小我幾歲，但兒子卻只比我孫女兒大了幾個月。年近五十才要在半夜起來給孩子餵奶、換尿布，第二天往往精神恍惚。我常跟他開玩笑：年近五十才當父親，真的太老了！他也只能苦笑。但是我佩服他們夫妻的堅持。

他們都是虔誠的教徒，相信婚姻的許配出自神恩，婚禮的許諾則是一種神聖的誓言，因此他們不願意膚淺表面的兩情相悅，而堅持要等到一個在信仰上完全契合，絕對有把握一起相守終生的人。他們在開始考慮結婚時，就一起逐頁翻閱聖經，逐節討論經文，直到確認彼此的信仰確實沒有干戈、抵觸之處，才願意結婚。別說超乎一般夫妻，我相信同為基督徒的夫妻中，都很少有人像他們對信仰與婚姻堅持到這麼徹底而深刻的程度。以這樣的信仰為基礎，我相信他們的婚姻會遠比一般人牢固。

從俗世的觀點看，其實他們都有很好的「擇偶」條件。只因對於宗教信仰深刻的堅持，因此蹉跎到年過四十。但是這一對夫妻相互的扶持、信守與情誼確實是我經驗裡罕見的。他們的例子讓我相信：等待有時候是很值得的。

當然，等待不一定永遠有結果。根據我在通識教育課的有限觀察裡，好男人似乎愈來愈少，而且往往在離開校園之前就早已情有所屬。另一方面，許多男性都幼稚而膚淺，很少人看得見真正有內涵而值得終生相許的女子。因此，許多真正值得追求的女子往往卻找不到合適的男友。這些女性一離開校園往往就身不由己被困在工作圈子裡，見的人雖多但交往很難深入，因此更加感到良人難尋。偏偏，女性過了三十還未婚就有機會成為高齡產婦，這些因素使得很多人都有三十成婚的焦慮。即使再晚，女性到了三十五恐怕很難不焦慮。因此，我常看到一些才女委身駑馬的例子。這些案例很高的比率都不能有太好的收場，較好的情況是寂寞春閨空自守而芳心無人知，還好勉強有個說上三兩句家常閒話的人；更勉強地結婚的，不到七年早已吵翻天，只為了孩子而不得不隱忍；還有更多的是維繫著形式上的婚姻，彼此早已互不聞問。

不過，即使不是基督徒，等待也還是可能會有好結果。好男人往往早婚，卻因為太年輕而沒有選對可以終生相伴的人，中年離婚之後才發現一個年近四十的麗人。兩人交往之後相見恨晚，因為這個已過四十的男人是二度婚姻更懂得婚姻的難處，也更懂得彼此的付出。這個善於等待的女性，終於在年近四十才找到幸福的婚姻。

當代婚姻中的分合既已常見，婚與不婚的差別其實愈來愈小。碰到值得相守的人就勇敢地彼此相許，並且在婚後用心經營，彼此疼惜；沒有碰到值得彼此攜手與共的人，就慢慢等待，並且認真地獨自過活。也許有一天會碰到值得相互許諾的人，也許一輩子只能蓋單人被。活著，最根本的還是想辦法活出讓自己滿意的人生；等待也許值得，也許落空，反正勉強很少會有好結果。

既然如此，等待就多多少少是值得的。

至於本文一開始時提到的那一位女主角，因為我的提醒而不敢貿然遷就三十歲之前的最後一位男友，卻在過了三十一歲之後碰到一位確實比較值得攜手共組家庭的人。

生兒育女的誘惑與困窘

把孩子教養長大，看見他們成為我喜歡的樣子，這是我人生中最確實的成就與安慰。而扶養孩子的過程雖然辛苦，卻有更多的喜悅與滿足。我有一張睡了二十幾年的彈簧床，正面塌陷了不肯去換，翻過來睡在反面。太太勸我換一張，免得睡姿不對而傷了腰背，我就是不肯，因為上面有兩個孩子的奶味和尿床的味道；太太跟我說這不是孩子最小的時候睡的那一張，我還是不肯換——情緒上就是覺得這是兩個孩子睡過的床，雖然聞不出來卻留有他們身體的味道，我不願意放棄這個跟他們的連結。

看見已婚的人懷孕，我會替他們高興；宿舍裡偶爾有人帶小嬰兒出門散步，我會跟著大家一起起鬨在馬路上圍著逗小孩。有一天我在系辦公室擺臭臉罵學生，一回頭看見太太帶著孫女兒來找我，馬上笑臉盈盈，讓系辦小姐個個直呼簡直像在演四川變臉。

不只我這樣。宿舍裡許多已退休的老教授都不喜歡跟人點頭打招呼，老是寒著一張臉。一旦腳踏車上載著孫子或孫女兒，馬上滿臉春風，變了一個人；甚至你只要說一聲：「好可愛喔！」這些從不跟人搭訕的老人家竟然會停下腳踏車來跟你說幾句，滿臉得意之情。兒孫之樂真的遠勝於財富與虛名。也因此我總期待著自己的兒女也能有養兒育女的滿足與快樂。

但是醫學界普遍建議男性的最佳生育期在三十至三十五歲之間，女性則在二十三至三十歲之間；而女性過了三十五歲才懷孕就變成高齡產婦，這使得許多女性有在三十歲以前產下第一胎的壓力，並且因而壓縮了她們可以用來發展個人生涯的時間。很多女性甚至為了專心懷胎和養兒育女，而放棄了學位和職場生涯。

女性如果想要有足夠時間發展個人生涯，或者堅持不下嫁不合適的男人，往往會有錯過三十歲之前懷孕的壓力，以及冒著高齡生產的風險。有些找不到適婚對象的女性甚至會在三十前後開始認真思考「只要孩子，不要婚姻」的「不婚育子」模式。

媒體一度將名女人的「未婚生子」渲染為「只想要孩子，不想要婚姻」，並且把它標榜為新女性勇敢的另類選擇。但是「不婚育子」跟以往的「未婚生子」有著極為細微而關鍵的差異，兩者含混不得。「未婚生子」是跟孩子的父親兩相情願地在一起而懷孕，但因為不得已而無法結婚（譬如外遇的第三者），或者懷孕後因為後悔而不想嫁給孩子的父親（譬如，事後發現他是不值得託付終身的人）。「不婚育子」卻是蓄意跟一個不知情（且通常沒有感情）的男人上床，懷孕後也不讓孩子的父親知道，自己把孩子生下來。更極端的念頭是直接人工懷孕，甚至連自己都不願意知道孩子的父親是誰。

「未婚生子」是在不得已的情況下讓孩子在沒有父親的陪伴下成長，事後必須要設法取得孩子的諒解，這往往已經不是容易的事；「不婚育子」是蓄意不讓孩子有父親，事後想要取得孩子的諒解，恐怕更加困難。

沒有父親陪伴的孩子，最大的風險在於心理上會不會有陰影，甚至被同儕排擠、譏笑而造成童年傷害，一輩子難以撫平。我有一個學生，因為是爸爸外遇生下的非婚生子女，而父親的元配和子女又對她們母女極端憎恨、排擠，使得她一直無法療癒這巨大的傷口。還好她父母的結合是真誠相愛，也都對她百般疼愛，才沒有使她成為更偏激的女孩。

但是，如果一個女人懷孕時就存心不讓孩子有父親，這孩子長大後心裡能接受嗎？你要如何相信他不是媽媽個人自私下的產物？假如這孩子走不出這陰影，而一輩子對母親懷恨在心，甚至因為不知道父親是誰而怕冒著亂倫的風險，一輩子不敢跟相戀的異性交往，這又是怎樣的折磨？

生兒育女，最大的快慰是一輩子有情感上相繫相屬的子女。即使因為當代社會的流動性而在孩子長大之後聚少離多，甚至老病時還可能得不到孩子的照顧，起碼在心裡面有人在意，有人牽掛，而覺得自己不是被世界遺棄的人。

但是，生兒育女最大的悲哀卻恐怕莫過於讓孩子恨你一輩子。這是「不婚育子」最大的風險。

因此，與其「不婚育子」，我寧可勸人領養孤兒。只要觀念想通了，領養的孩子不可能不如親生的。我在劍橋見過一個非常漂亮聰明、美麗的華裔博士生，英國籍的養父母愛她，整個學院裡也很少有人能不喜歡她。歐美有些夫妻因為高齡結婚而寧可領養，不去冒高齡生產的各種風險，這種另類的選擇確實也有值得考慮的道理。養育之恩不會小於骨肉之情，而孩子會不會長成你喜歡的樣子，親子互動與家庭教育的影響遠超過有沒有血緣關係。

我自己的經驗也讓我相信：只要觀念想通了，領養的孩子也可以猶如親生。我有一段時間面對子女沒有積極意願結婚生子的事實，因而相信自己可能當不成祖父。因為喜歡孩子，只好試著去把身邊年輕父母的孩子當自己的孫輩對待與相處，至少交往的那一段期間裡我是認真地關心、疼愛那幾個小孩。

我相信領養孤兒的風險遠遠低於「不婚育子」，因為你的用心與關愛不容易被質疑。至於「不婚育子」，當孩子懷疑你把他當作滿足個人私欲的工具時，你是很難有所辯駁的。

領養也讓女性的生涯規劃與等待良人的堅持，有了比較可以放心的備胎方案：不得已時，領養一個自己喜愛的孤兒，這遠勝於勉強下嫁不適合的男人。

結語

經濟發達與貧富差距的擴大，使年輕人就業與成家的時間遠遠晚於人生理上該結婚育子的年紀，因此同居與婚前性行為很難避免，而社會的性倫理觀念也不得不對此不可逆之勢屈服。

此外，上班的時間愈來愈長，而且同事之間雖競爭卻又經常被要求必須彼此支援，上司與下屬之間更必須噓寒問暖來培養革命感情。在這樣的社會事實下，同事相處的時間遠遠超過夫妻，交談的深度也愈來愈能跟夫妻抗衡。偏偏，快速的產業變遷使夫妻分離的時間愈來愈長，相隔的距離也愈來愈遠。這些因素使得辦公室婚外情與離婚比率持續上升，任何道德譴責都不可能壓制得了這個趨勢。

夫妻的情感連結這麼脆弱，而經濟的壓力與社會前景的黯淡又使許多年輕夫妻不敢生育子女，許多年輕情侶在經歷漫長的愛情長跑後，還是舉棋不定地問：「為什麼要結婚？」如果有值得共度一生的對象，我還是覺得婚姻的努力是值得的。工作壓力使得親子關係愈來愈疏遠，但是用心經營家庭的人還是有機會維持緊密的親情。

不過，社會愈來愈多元，男性與女性對生涯與家庭也可以有愈來愈多樣的選擇。如果找不到合適的伴侶，不婚不一定是最壞的選擇。

第四部

人生的智慧與陷阱

自我成長或自我實現不能只是任性地「做自己」，或者一輩子擁抱粗淺的浪漫情緒，年復一年地重複有限的自己。

成長是一再突破自己思想與情感上的囿限，看見自己的盲點，累積人生的智慧，深化自己的情感，因而為自己打開一個愈來愈寬的人生視野，使自己的人生道路愈來愈寬闊、深遠而有價值。

觀念的窒礙往往是生命無法開展的第一顆絆腳石，我們經常因為困囿於因襲的錯誤概念，而看不見生命的事實。譬如，把概念中的對立誤認為生命裡的矛盾，而跳不出現實與理想分離的困境。或者分不清科學與人文的界線，因而不知道該如何在真實的人生中對待自己的理性與感性。又或者整天追逐看得見、摸得著的錢財，因而失去了看不見的幸福。

如果沒有能力看透這些迷障，就很難看到較完整的自己。

成長，就是邁向不可知的遠方。

但是，致富的道路人人看得見，心靈的成長卻往往只有模糊的方向，看不見確實的道路。走在這樣的路上，不僅路途坎坷，內心更是忐忑。

認真的文學家會用一輩子的小說仔細地為我們記錄下成長的軌跡。把這些人的生命軌跡當作自己的路標，將會較容易安頓自己。

Unit 18

不要當無趣的中年人

十四歲和四十歲的人有何差別？十四歲的少年對未來充滿著期待、憧憬與嚮往，而四十歲的男人往往只剩下欲望和野心，甚至連欲望和野心都沒有了。

當四十歲的男人面對十四歲的兒子時，他會急切地想要澆滅兒子所有「天真」的理想。但是，年輕人的理想與熱情是澆不息的。因為，對他們而言，天底下沒有哪一件事情是不可能的。對他們而言，明天會使一切都變成可能。對於一個十四歲的青少年，任何事情，如果今天做不到，那麼只要等他長大，一切就通通都有可能。

四十歲的人呢？所有今天不可能的，明天將更加不可能。隨著年紀愈大，我們愈清楚知道現實的局限性。到了四十歲，所有能得到的都已經得到了，所有還未得到的，似乎都再也不可能了。於是，生命成為一灘死水，困窘而促狹地被擠壓在現實裡的一個小角落，怎麼樣都活不開來。

人活了半百，一旦失去了對生命的熱情與嚮往，會不會活著的只是一個沒有靈魂的肉體和欲望？這樣的人生有什麼意義？但是許多四、五十歲的男人都已喪失掉對生命的熱情與憧憬，只知道虛榮心的滿足，和「生活上的享受」。因此很少人敢認真去面對這麼一個質問！

英國童話中的小飛俠彼得潘（Peter Pan）住在一個小島，叫做Neverland，這其實是"neverlearned"的諧音，意思是永遠不要長大，永遠不要變成無趣的大人。如果進入中年就意味著只有野心和虛榮心，而不再有夢、不再有理想、不再有熱情，那麼很多青少年將寧可永遠不變成大人。

問題是，如何可以在肉體成熟、衰老、腐敗的過程中，永遠不失去理想與憧憬？有沒有可能在成長的過程中獲得愈來愈成熟的智慧，卻永遠不失去熱情？

理想的防腐劑

高中的時候因為堅持自己的理想而跟長輩有過很激烈的爭執，一位我一向尊敬、心服的長輩卻教訓我：不要以為只有你曾經年輕過，我們也有過比你更高的理想！理想又不能當飯吃，你不要等後悔莫及的時候才知道什麼叫現實！

這一段話嚇壞了當時沒有能力分辨理想與現實的我。環顧周遭年長的人，不管多聰明、多傑出，好像成家立業後就注定只能活在現實的條條框框裡，再也沒有任何的理想與熱情。看著這樣索然無味的人生，看著最聰明的人也逃不出去的陷阱，我沒有屈服，但是卻像做了一場醒不過來的惡夢：我不要活在沒有理想、沒有熱情的人生裡，但是遠比我聰明的人都已經毫無例外地沉淪在這現實的大染缸中，我到底要去哪裡尋找自己脫困的可能？

年近二十就有機會瞭解到一件事：做得到的才能叫理想，做不到的只能算空想。年輕最大的本錢就是有熱情，願意追求理想；而最大的弱點就是人生經驗太淺，很難分辨哪些憧憬、嚮往有一天會成真，哪些會變成一輩子徒留遺憾的空想。往前看去，好像什麼都可能，又好像什麼都不可能。看著前人走過的路，一個個放棄理想走入現實，到底是因為他們沒有能力，還是因為他們沒有足夠的熱情與意願？對於欠缺人生經驗的年輕人而言，這真的是很難分辨。問題是，除非我們可以在離開學校之前鞏固好自己的理想，否則一畢業就是職場的各種壓力和折磨，理想只會愈來愈低，好像不會愈來愈高。

我就帶著這樣的惶恐與焦慮，進入大學。更讓我焦慮的是：假如我沒有辦法在大學畢業前找到脫困的辦法，很可能一畢業就會步上所有前輩的後塵。

還好，大一時參加了一場讀書會，由一位大四的學長引導我們學習圖書館書卡索引的查索辦法。這次的讀書會給了我一個靈感：假如我可以一輩子不中輟讀好書的習慣，就有機會持續地受到好書的啟發與激勵，並藉此不時激發自己的熱情，重新點燃對理想的渴望。

我就這樣找了一個具體可以實踐的大學目標：利用四年培養出讀好書的能力與習慣，以確保自己在畢業後不管多忙都會一輩子繼續讀好書。

「保持熱情」是一個很難落實到具體操作的想法，「不中斷地讀好書」則是一個很具體而可以操作的想法。我大學畢業後一直都能保持這個讀書習慣，也一直都能從書裡得到值得深思的想法與目標，並且感受到前人的激勵，所以直到今天都還可以很自豪地跟年輕人說：我至今還是有比一般人更多的理想和熱情。

打開人生視野的老師

在求學期間和畢業之後，如果能遇見足以啟迪觀念或打開個人生命格局的老師，確屬人生難得的大幸。

我在求學過程中見過許多絕頂聰明的人，可惜的是其中很高的比例是沒有熱情、沒有理想，除了想表現自己的聰明之外想不出人生還有什麼值得做的事。我也常想：自己如果不是曾經在求學過程中遇見過幾位好老師，會不會今天也是渾渾噩噩地在過日子？或者風花雪月地停留在膚淺的浪漫情懷裡？

我在鄉下長大，樹上、田間和水溝裡都遠比書裡好玩，家裡也從來不鼓勵我讀課外書。第一個讓我愛上書的，是國中一年級的國文老師。這是一個沒人喜歡的老太婆，上了她一年課只記得滿臉的肅殺，猶如霜雪般嚴厲的表情，一副倒八輩子楣才教到我們的神氣。但是教到〈秋，聽說你已來到！〉這篇散文時，她卻突然容光煥發，像個十六歲少女般興奮地說起東北的秋天和春天，說起秋天的楓紅、冬天的死寂，和春天嫩葉裡綻放的生機。我聽著她雀躍的聲音、陶醉的神情，突然間覺察到散文的魅力。雖然過了這堂課之後她嚴厲肅殺如昔，但是我開始到處找散文來讀，國中畢業時已經可以記誦近百篇的唐詩，和數十篇的宋詞。

如果不是這個偶然的機緣，我也許要更晚才有機會感受到文學的魅力，也許一輩子也不會喜歡上文學。如果沒有文學的啟蒙，我又如何能有後來一輩子的熱情？

不過，如果只有文學，也許我後來也只能耽溺於風花雪月的浪漫情懷，永遠看不見人類更深刻、崇高的情懷，以及在這些情懷中孕育出來的璀璨生命丰采。把我帶向這個世界的，是我高一的歷史老師，他在第一堂課裡就讓我嚮往著歷史的廣天闊地，也許下了執著至今的願望。

很多老師和學生批評他上課不認真，心情不好就放學生自修，甚至上課時帶學生爬山。但是，第一堂課他卻很認真地告訴我們歷史的意義與價值。國中時背了一大堆皇帝、大官、制度、條約的名稱與年代，我對歷史的瞭解就是「無聊」和「背誦」，絲毫沒有任何興趣。第一堂歷史課時這個老師在黑板上畫了一條長長的水平線，說：「如果沒有歷史，我們只能活在扁平的今天，看不見人類數千年來璀璨的精神。」然後，他從那水平線往上拉出一條長長的垂直線，說：「透過歷史，我們可以看見人類數千年來一直企圖建構出崇高的精神世界，那才是一個真正值得人生活一輩子的廣天闊地。」說完這話，接著就是自修。我盯著黑板看了很久，開始想要知道歷史上曾經有過哪些課本上沒交代清楚的人，他們活過一輩子最感動、最精采的是怎樣的時刻？認認真真地活過一輩子的人也許只佔人類中的極端少數，但是數千年累積下來可也是很可觀的一個數字。在這些人的心裡，什麼是生命裡最值得追求的？什麼是人生最難得的體驗或收穫？

我常被質問：我們身邊的人都認識不完了，為什麼要去認識歷史上的人？因為我們身邊的人很少活得超出現實，很少人能夠告訴我們如何克服人性的弱點，發揮一個人最高的價值，或者看見人性最深刻的感動、理想與人生的意義。但是，當我們有能力看見歷史人物的生命丰采時，歷史將會像是「人種博物館」，向我們展示各種動人的生命丰采，讓我們從中感受到作為人的各種尊嚴與價值。

書是我們跟歷史人物交往的最重要管道，但是我們對歷史的第一次感動卻往往要透過精采的老師，從活著的人去發現歷史的意義，以及透過他們去培養出閱讀歷史的能力。

可惜的是，能夠講解歷史典章、制度的人很多，能夠批評歷代得失的人也不少，可以用浪漫情感講述歷史故事來打動人的老師已屬少見，但是更少人能夠在歷史中看見人類精神的最精采處，能以自己的心路歷程去見證歷史人物心靈深度的人更是罕見。如果我們有幸跟隨這樣的人師，將會更能將抽象的文字記載理解成具體的人性事實，也對人的價值與尊嚴有更深刻的體認與信心。

我常鼓勵學生要跨越所系藩籬，到處去尋訪名師，正因為「經師易尋，人師難求」。如果一個系裡找不到能幫你打開人生視野的老師，就到網路上面去找找看學校裡面哪些系裡有人師；如果校內的人師太少，就到校外去找。

透過人師的啟迪而打開人生的視野，看見生命裡各種值得嘗試的方向和境界，這是活出自我的第一步。如果只是任性地因襲固陋，或者一輩子賣弄浪漫的才情或小聰明，這實在說不上是「實現自我」或「自我完成」——除非你真的看不起自己潛在的可能。

相伴走過青春的懵懂

雖說高一就嚮往著歷史中各種動人的生命丰采，但是這位老師只言簡意賅地講過幾堂很精采的課，超過一半的時間都在自習或爬山。歷史浩瀚，哲人的思想彌高彌堅，年輕時候雖然可以從經典名著中得到一些零零碎碎的靈感和啟發，更多的時候是一知半解。卡夫卡（或卡謬）曾經說過：「真理，只有方向，沒有道路。」這很像是我高中時的寫照。如果沒有朋友彼此啟發，分享摸索過程的一得之見，真不知道當年如何度過青澀年華的各種艱辛。

我第一個知心的朋友是高一的同學，他比我早熟，高一就已經為了活著的意義而充滿焦慮。有一天，他要我做一件事：去火車站前面坐一個上午，看著旅客的步伐和神情，問自己一個問題：「這些人步履如此倉促而篤定，他們是不是真的知道自己要的是什麼，他們要的東西在哪裡？」我是因為他的介紹，而開始看存在主義，也是藉著他超齡的焦慮而開始探索人生的終極意義。更多的時候，我們用彼此的熱情激勵對方的熱情，在年輕的困頓與迷惑裡一起摸著石頭過河。

能夠打開我們人生視野的老師往往像是遠方的一盞明燈，只能向我們指出一個值得奔赴的目標與方向，卻沒有辦法讓我們亦步亦趨地走過崎嶇的成長之路。最常見的原因是他們也有自己要專注思索的人生課題，而且他們能使用的語言也往往超出我們年輕時的理解能力。

年輕的時候，每一個人能理解、感受的都有限，往往僅及於個人較敏感的小小領域。但是不同的人有不同的稟賦和際遇，從而發展出不同的敏感特質。朋友的好處，就是可以彼此互補，用對方的敏銳來提攜自己的不足。我成長於一個堪稱和樂的中產階級家庭，三十歲以前對現實既無牽掛又一無所知，再加上求學過程一直都很順利，所以很難瞭解人的自卑、無奈與委屈。大學時讀杜斯妥也夫斯基的小說，總是被他崇高的熱情所感動，但是無論如何都讀不懂《地下室手記》裡主角那種病態的屈辱、自卑與扭曲的自傲、自尊。大學社團裡的朋友各有各的特質，我是從一位大學時代一起租學生宿舍的室友那裡瞭解到《地下室手記》的人格特質。

我自己當了老師之後，更加能體會：老師不能取代一起成長的朋友。人在不同年紀有不同的成熟度，並且累積出不同的生命經驗，以及承擔重大決定的能力。我自己在三十歲以前就立志不出國，不拿博士學位，主要是因為我把博士文憑當作虛榮心的象徵。但是，當一個學生模仿我而跟父母不和，弄得心裡很痛苦時，我還是勸他不要模仿我的作為。就像出家這種事，如果沒有充分的心路歷程和累積，莽撞地剃度只是為佛門徒惹紛爭，沒有什麼意義。因此，我常提醒學生，每一個人應該按照自己的生命累積去做出自己所能承受的決定，而不可以過份勉強在每一件事情上面都仿效心儀的老師；很多時候老師的指引是未來長遠的方向，但是當下的作為卻常常要參考朋友的建議。

歷史是個廣天闊地，人間難逢的人師也只不過是遠方的一盞明燈，跟朋友相伴走過的坎坷路途，才是我們年輕時的生命道路。

另類的生日儀式

我出生的家庭不重視生日，爸媽和孩子沒有人過生日。但是從高中開始我就發展出自己的生日儀式：生日當天晚上我會到郊外一個聽不到任何人聲、車聲的地方，安安靜靜地回憶自己過去這一年有哪些思想、情感上的收穫或突破，再想一想最近幾個月內有哪些思想或情感上逐漸在萌芽的課題，最有機會在未來一年發展成熟或者有重大的突破；然後再為自己的來年許願，勾勒出一個想要在明年有具體發展或突破的課題。

這個儀式像是一種內在生命的豐年祭，它讓我可以每年都清楚地看見自己的成長與收穫，也讓我可以對明年有清楚的期待與規劃。最重要的是：因為每年都可以看見自己內在的成長與累積，使得我樂意為理想而堅持與努力，而不輕易向現實妥協。

很多學生羨慕我同時有理工與人文的素養，但是卻不願意像我這樣為了跨領域的涵養而犧牲一點現實。在理工學院靠自修去發展人文素養，當然還是要為此而犧牲成績來作為代價。大學時我自己念書的速度遠比聽老師講課還快，所以四年都蹺課，很多時間都是在文學院圖書館度過。此外，為了省下時間讀課外書，我每一科都是讀完課本，看完例題就去考試，從來不曾做過習題。雖然每一科的核心觀念都有想通，所以不曾有任何一科補考，但是解題技巧生疏，所以成績都在及格邊緣。畢業後很久找不到第一份工作，其中一個單位來函解釋說，不錄取的原因是大學成績不夠出色。但是，我從來不曾後悔。後來，我為了對抗自己的虛榮心而不肯念博士，因而在當講師期間被學生羞辱，我也不曾後悔或放棄自己的堅持。最重要的原因，是因為我每一年的生日都可以清楚地看見自己的累積，很清楚這些收穫遠遠超過現實世界能給我的報酬。更何況我也在每年生日看見值得在次年努力的目標，那些目標也都遠比博士學位更具有吸引力。

所以，我常提醒學生：當你看見一個人為了理想而犧牲時，不需要為了他的犧牲而為他感到惋惜。他堅持理想而得到的一定遠遠超過現實裡的犧牲，才有辦法持續這樣做下去。

有理想，而且可以在奔赴理想的過程中有具體收穫的人，雖然他的收穫不是現實世界裡的人所能理解或看得見的，但是這些收穫卻經常遠超過現實所能給予的。因此，真正值得擔憂的不是現實，而是找不到值得為了它而捨棄現實的理想。

摸著石頭過河

年輕的最大本錢就是對人生充滿理想與熱情，而最大的不安則是不知道要如何找到自己人生的方向與定位。

王陽明在〈教條示龍場諸生〉中說：「志不立，天下無可成之事。雖百工技藝，未有不本於志者。今學者曠廢隳惰，玩歲愒時，而百無所成，皆由於志之未立耳。」聽起來非常嚇人！尤其年屆三十的人，不立志就就無以安家立業，心理壓力更大。

但是，要一個三十歲左右的人去決定自己的一生，根本是荒謬的！對於願意認真活下去的人而言，生命是一個持續不斷的累積過程，人的各種能力會隨著年紀的增長而日益成熟，甚至老幹新枝地勃發出新的能力。我在二十五歲的時候還是看不懂油畫，聽不懂古典音樂，甚至以為自己這一輩子跟這些東西無緣。要在三十歲時決定自己最擅長什麼，最不擅長什麼，其實不見得有意義。

要一個三十歲左右的人去決定自己喜歡什麼，不喜歡什麼，也不見得容易。一個行業適不適合自己，只有試過才知道。吳念真在一九七六年就讀輔大會計系時開始嘗試寫作，連續三年獲得《聯合報》小說獎後才比較確定創作是一條他可以走的路；後來一路從事劇本寫作，會計系簡直白念了。嚴長壽雖曾說「我在很早的時候就找到了人生的方向」，其實他是忘了自己一路上的摸索過程。高中畢業時他誤以為自己可以當樂隊指揮，接觸之後才知道自己沒那天分；退伍後整整六個月找不到工作，勉強到美國運通去當送貨、掃地的小弟。在美國運通期間，他自願加班幫同事做他們做不完的事，藉此學習整個公司的業務。而從美國運通轉去接管亞都飯店，從此進入休旅服務業，則一半是人情的壓力而非出於人生的規劃。人生所有的能力都是慢慢累積，慢慢增長的；而人生的方向則像「摸著石頭過河」，抓著一個大方向邊走邊盤算，能力長到哪裡，實踐就跟到哪裡。人生不能沒有大方向，但也不該用一個毫無彈性的「生涯規劃」套牢自己，讓自己的人生沒有一點喘息空間，變成那個規劃的囚徒。

「Yahoo!奇摩」票選「三十歲以前，一定要完成的事」，入選的前十名包括：談一場刻骨銘心的戀愛、出國遊學、賺到人生第一桶金、買房子、找到適合自己的工作、結婚生子、找到人生定位、完成夢想中的創舉。其實沒有人能在三十歲以前把這一切都搞定，也沒必要非得在三十歲以前就把這一切都搞定不可。只要先有一份過得去的工作，再隨著年紀慢慢累積自己在現實與理想的各方面能力，就有機會隨著年齡漸長而在現實與理想兩方面都日有新境。

現實的問題我們留待《現實與理想》再來討論，後續五章先來討論幾個關於自我成長的關鍵議題。

Unit 19

幸福，在看不見的地方

存在的東西不一定就人人都看得見。如果你沒有培養出足夠的感受能力，即使存在也不見得能被你覺察得到。所謂「聽而不覺，視而不察」，不是因為對象不存在，而是因為你自己沒有覺察的能力。

電流存在，但是人類看不見電流，於是科學家發明了電流表，讓所有的人都可以「看得見」，也因而普遍相信電流的存在。可惜，幸福與愛情都是以看不見的方式存在，而且也沒有儀器可以把它們轉換成看得見的現象。那麼，幸福是什麼？愛情是什麼？我們要如何去覺察？如果我們沒有覺察幸福與愛情的能力，不管到哪裡去找尋都是枉費心力。

我在劍橋讀書時，跟一位研究藝術哲學的朋友談起塞尚（Paul Cezanne，一八三九－一九〇六），他不改西方近代學術討論的慣性，拿起一張塞尚的複製品掛在牆上，然後語帶挑釁地質問我：「你說這一幅畫給你幸福的感覺，現在請你指出來，這張畫裡的哪一個部分給你幸福的感覺。」「這是整張畫合起來的感覺，而不是局部的特色。」「我看不見你說的那種感覺。如果它真的存在，為什麼我看不見？你如何確定那不是你自己的個人幻覺？」我只好坦白告訴他：「因為我對色彩、線條、構圖和人的各種情感都有敏銳的覺察能力，而你沒有——你只有從哲學著作中得到的概念。」

康丁斯基（Wassily Kandinsky，一八八六—一九四四）是現代抽象繪畫的創始人之一，他在《藝術的精神性》（*Concerning the Spiritual in Art*）一書中這樣解釋繪畫的原理：觀眾的眼睛像鋼琴的琴鍵，而觀眾的心靈像鋼琴的響板，畫家的色彩和筆觸就像鋼琴師的手指，敲響著觀眾眼中一系列的琴鍵，意圖在觀眾的心裡引發情感的和聲和共鳴。一個出色的畫家是心、手、眼相通的人，他可以把心裡的情感轉化成色彩、線條、構圖和筆觸，並且透過巧妙的手將看不見的情感或幸福變成較容易被看見、被感受到的作品。而一個有能力欣賞繪畫作品的人，則是一個對色彩、線條、構圖、筆觸和內在情感有敏銳覺察能力的人，透過這種覺察的能力，他可以在藝術品中看見創作者所欲呈現的情感世界，以及偉大畫家透過畢生努力而發現的人性尊嚴、生命的信念，或人生的幸福。

科學需要儀器，因此科學能觀察的範圍僅限於儀器可以量測的範圍。沒有任何儀器可以量測意義、價值、愛情與悲傷，因此我們無法靠科學的方法去探究這些領域。一個人必須透過人文的涵養去培養出對內在情感與人性的覺察能力，才有機會找到看不見的愛情與幸福。

心靈的覺察與人文精神

只有一個人看得見，而身周其他人都看不見的東西，並不一定就不存在。很多人都知道每一張千元大鈔上面都有一個獨特的號碼，但是絕大多數人天天看千元大鈔，卻對此號碼「視而不察」。譬如說：它印在哪一面？什麼位置？出現幾次？一共有幾個英文字母和阿拉伯數字？猛然被問到，絕大多數人都答不出來；拿出鈔票來一看就清清楚楚地在那裡。看不見，因為「心不在焉」。很多人每天都過得同樣枯燥無味，因為他不曾用心去覺察、體會身邊和內心的變化。

一個客人烈日下長途跋涉到我家來，我給他泡了一壺茶，再到後面去切水果。他因為太渴，好幾口茶都一口就灌下去。我端水果進來後，向他介紹：「這種綠茶叫貢珠，以前是給皇帝的貢品，現在一兩要上萬元。」假如客人就是你，接下來你會怎麼做呢？重新倒一杯茶，先端到鼻間聞一下，「好清香！」再啜一小口，含在嘴裡，用舌尖嚐嚐，再輕輕含著看會不會生津解渴，然後慢慢讓它順著喉頭滑下去，仔細揣摩喉嚨的舒暢感。前面叫「灌茶」，後面叫「品茶」。索然無味地灌茶的是你，津津有味地品茶的也是你，前後兩個你為什麼會有那麼大的差別？前者是生物性的你，只有生理性的刺激與反應；後者多了「自覺」，因而能覺察自己身體的各種細微反應。

情感也一樣，認真覺察才會知道它的存在，不認真覺察就不會知道它的存在。科學靠儀器去將看不見的現象轉變成看得見的世界，並且藉此打開科學的探索領域。在人文的世界裡，我們是靠心靈的敏感度來覺察內在和外在的世界——心靈就是人文世界的儀器，心靈愈敏銳的人就可以感受到愈寬廣、深刻的世界。

我上通識課時都會請學生做一件事：「閉上眼睛，安靜地想一想，校園裡所有的樹木中，你最愛的是哪幾棵？它們在校園裡的哪些角落？」清華大學的校園很美，但是很多人到大四還是說不出校園裡有哪些樹。我會提醒他們：不管清華校園有多美，如果你不曾覺察過她的存在，她就不屬於你的世界。

這些課常常在下午開始，傍晚結束。陽光照在窗外的松樹上，隨著松針的搖曳而閃爍，帶起一種輕快、溫柔而細膩的情緒。我會引導學生看著陽光，去體會這種心境與情調。

春天來了，我問學生：「這是什麼季節，為什麼？」很多學生會說：「現在是三月，三月屬於春季。」很少人會告訴我：因為草地上長滿了野花，空氣中的濕氣比較重而晨間常有濃霧，氣溫變化比較劇烈、不穩定。這是一群只有知識而沒有感受能力的孩子，但錯不在他們，在學校教育和家庭教育：我們只在乎他們的課業和成績，而不曾花力氣去開啟他們的心靈與感受。

「視而不察」的人不是眼盲，而是心盲；「心不在焉」不是沒心，而是不曾被開啟。我的課企圖打開他們的心，打開他們的眼睛和耳朵，引導他們去發現這個世界隨身可及的豐富和美。我的通識課更企圖引領他們去感受歷史中的人文精神，以及提升對自己內心的覺察與感受能力。一個學期下來，很多學生都說：「我的世界變得非常寬闊，不會再鑽牛角尖，即使偶爾鑽進去也很快就會出來。」

一個人如果有能力在自己的心裡感受到大自然的莊嚴、宏偉、美麗，以及歷史上各種情感與人性的真誠、深刻與高貴，他自然就不會那麼在意外在的得失，更不會去追求舞臺上的聚光燈、別人的掌聲和豔羨的眼神。他自然可以像孔子那樣：「飯疏食飲水，曲肱而枕之，樂亦在其中矣。不義而富且貴，於我如浮雲。」

看不見的幸福

受到四百多年來西方實證科學的影響，我們現在只相信眼睛看得見，手摸得著的東西。名牌、名車與華廈看得見，所以大家拚命比賺錢，沒錢也得要裝闊氣；容貌、身材、華服看得見，所以女性拚命比化妝、內衣和外衣，而懶得去比內在的素養。許多名模和名媛代言標榜「高雅、頂級」的珠寶、消費品，但是表情呆滯、談吐空洞。這麼鮮明而諷刺的對比，因為大部分人都「視而不察」，所以媒體也毫不在意，或者根本就沒有覺察的能力。於是，整個社會活在粗俗而看得見的世界，完全不知道在看不見的地方到底有什麼存在，是否有更值得追求的幸福與愛情。於是，愛情被以最誇張而粗俗的方式呈現：九十九朵玫瑰、包下一個電影院做愛的宣言、蒂芬妮鑽戒，以及各種廉價而容易造假的「愛的宣言」。

今天已經很少人警覺到：幸福與愛情都存在於看不見也摸不著的地方，只有仰賴敏銳的覺察能力，才有辦法感受到它們的存在。「盡日尋春不見春，芒鞋踏破嶺頭雲，歸來偶把梅花嗅，春在枝頭已十分。」如果沒有能力覺察，幸福近在咫尺也是枉然！

今天絕大多數人更是難以體會一個綿亙東西方數千年的傳承：在十六世紀之前的希臘、近東、印度和中國，所有古文明都在追求看不見也摸不著的愛情與幸福，並且為此而發展出各種不同的覺察能力與方法——我們今天所謂的人文、文化與精神文明！

希臘哲學是當代歐洲文明之母，但是她所要探究的並非眼睛看得見的「現象」，而是隱藏在現象背後看不見的「本體」或「實體」（substance）。希臘哲學清楚地說服我們：現象只不過是肉眼上看起來似乎存在，其實卻可能不存在，會變化不定，會欺騙我們的眼睛；而實體才是真正存在而永恆的真實。希臘哲學的核心叫做「形上學」（meta-physics），它研究的是「本體界」或現象背後（behind）的事實，以及超乎（beyond）現象的事實。因為，只有超乎現象之外，才找得到真正值得追求的永恆。

無怪乎他們會這樣想。試想古希臘人看著一束草被火燃燒後不見了，他們很有智慧地想出來「存在的不可能變成不存在，因此實體沒有消失而只是改變了外貌，不能被視覺欺騙」。

用我們今天的術語說，質量不滅，草只是改變了分子式（外貌）而沒有改變其原子（存在的本體）。用佛家的術語說，草、灰燼或水氣與二氧化碳都只不過因緣假合，不是真實存在的「實相」。

而且，從切身的方式說，一個人如果在臉上有個傷口，或者因為年紀而改變外貌，他本人（identity、self）並不會因此而有任何的改變。所以，想起來好像真有一個與外貌不直接相關而又遠比外貌重要的「自我」或「本體」。假如一個人因意外而失去一根手指頭，那個「自我」還是可以絲毫無損；甚至失去一隻手掌、一隻臂膀，甚至四肢殘缺，他都還是原來那個「自我」。而且，那個看不見的「自我」遠比任何看得著的部分都還更重要——真的是隱藏在現象的背後，又同時超越它而遠比現象重要。

此外，他們關心看不見的「本體」，而不關心現象，還有很多說得通的道理。柏拉圖很有力地說服雅典人：最完美而值得追求的事物在「可以意會，而不能觸摸、不能眼見」的現象背後，或超越於現象之上——因為，完美的圓和完美的線都只存在於眼睛看不到的觀念界，而眼睛看得到的圓都不是完美的圓；可以畫出來的線都有寬度，而且不是絕對不扭曲的線。因此，雖然近代實證科學只關心看得見、摸得著的物質性，但是古希臘人關心的卻是看不到、摸不著的東西。因此，柏拉圖也成功說服了許多希臘人和後來的歐洲人：愛與幸福在看不見的地方，必須要培養出對愛與幸福的覺察能力，而不被現象迷惑，才有機會得到幸福。

希臘人的這種態度也跟他們的現實不相抵觸。古希臘大致上分為兩個社會階層：可以參與政治的公民，和不具有公民資格的奴僕。對於發展出希臘哲學的公民階層而言，他們衣食無憂，人生中最值得關切的都是可以覺察而看不到、摸不著的東西（榮譽、智慧、責任等）。

希臘哲學影響了中世紀神學、文藝復興，乃至於二十世紀末的現象學與海德格的哲學，使得西方哲學家一直想突破看得見、摸得著的表象，去探索比現象還更重要的存在和價值。而近東與東方的哲學雖然不重視希臘傳統的思辯方法，異曲同工的是他們都在追求看不到、摸不著的幸福。

從古至今，愛情與幸福都在看不到、摸不著的領域，想要用實證的方法去追求愛情與幸福，無異於緣木求魚。既然十六世紀以前所有的東西哲人都只關心看不到、摸不著的幸福，他們當然也不會有興趣用實證方法去研究看得見、摸得著的物質。近代科學方法不曾在十六世紀以前發生，不是因為古人較笨，而是因為他們對現象與物質的世界並不關心！

看不見與看得見的分際

據說伽利略在比薩斜塔上同時丟下鉛球和木球，證明了中世紀神學的錯誤，從此改變了人類的歷史——柏拉圖主張：眼睛會騙人，觀念才不會騙人；伽利略卻說：眼睛不會騙人，觀念才會騙人。

從此以後，實證科學堅持只談看得見的東西，連可以感覺而看不到的重量也被轉換成可以看得見的天平與法碼，然後再改變成磅秤上的指針位置；至於可以數算而看不見的時間，則被改變成時鐘上指針的位置；電流是看不見的，就用電流表把它的存在變成看得見的指針。儀器的功能其實就是在把看不見的轉換成看得見的。

問題是：看不見而又沒有儀器可以量測的東西怎麼辦？譬如：愛情與幸福。實證科學原本只討論可以經由儀器而被看見的現象，而不去論列（不置可否）無論如何都看不見的對象。到了當代，實證科學卻沒有能力謹守「知之為知之，不知為不知」的分寸，把一切它無法論斷的都當成是「不存在」的事物。這麼蠻橫、武斷而不智的態度，在人類歷史上只有很短的時間——沒有哲學與文化根底的美國人在一九三〇年代捧紅數理邏輯、「科學的哲學」（scientific philosophy）和「邏輯實證論」（logical positivism），至今也不過九十年。

從十六世紀實證科學萌芽開始到一九三〇年代，科學與人文一直都各有其分際。伽利略（Galileo Galilei，一五六四－一六四二）出生於文藝復興剛結束的時代，早他百年的達文西（Leonardo da Vinci，一四五二－一五一九）兼擅藝術與科技，同時以實證的方式和古典人文的方式在探討信仰、人性與大自然，因而被稱為最具代表性的「文藝復興的人」（renaissance man），意味著知識與才華皆橫跨科技與人文的博學之才。牛頓（Isaac Newton，一六四三－一七二七）比伽利略約晚一百年出生，但是這個現代系統科學的奠基者不但關心天文和物理，他也關心神學，甚至把物理定律當作是上帝為宇宙創造的律令，以至於古典物理的術語充滿中世紀神學的影子，譬如物理定律叫做「統御定律」（governing law）。

十八世紀的啟蒙運動時期開始用科學的力量去攻擊腐敗的教會與神權，藉此拉倒教會加冕的皇權。儘管當時法國的百科全書派過份誇大科學的力量與有效性，但是義大利的維科（Giambattista Vico，一六六八—一七四四）在一七四四年的《新科學》（*Scienza Nuova*）中提出「詩性的智慧」，為人文的創造與發展尋找不同於自然科學的發展依據；而德國的狄爾泰（Wilhelm Dilthey，一八三三—一九一一）更在一八八三年的《精神科學序論》（*Einleitung in die Geisteswissenschaften*）中區辨了歷史科學與自然科學，企圖為人文發展出獨立的研究方法。直到今天，在相對論與量子力學發源地的德語系學術傳承裡，自然科學與人文學科一直都很清楚地知道：自然科學是「物」的科學，而非「人」的科學。但是美國過去數十年來卻一直誤把「物」的科學用來研究人，並且謬誤地稱之為「生命科學」（life science）。

諾貝爾獎得主波爾（Neils Bohr，一八八五—一九六二）被稱為「量子力學的守火者」，他啟發了對量子力學貢獻卓著的許多年輕人，包括海森堡、保利（Wolfgang Pauli，一九〇〇—一九五八）等。他晚年在《原子物理與人類的知識》（*On atomic physics and human knowledge*）憂心忡忡地警告世人不可以用科學的方法研究生命，因為「當我們用手術刀劃開青蛙腹部時，我們就已經謀殺了生命」。

用科學的方法研究古典人文領域的情感、理想與生命的意義或信念，將會從一開始就扼殺了古典人文的一切內涵與精神，並且使得我們既感受不到愛情與幸福，甚至否定了有關於愛情與幸福的一切，並進一步將物質的價值曲解成愛情與幸福，而使得精神性的意義變成徹底物質化的崇拜。

財富、豪宅、名車與珠寶原本無關乎愛情與幸福，現在卻變成愛情與幸福的象徵，根本問題就是分不清楚看得見的領域和看不見的領域、物質與精神。要把自己從這種當代的拜物教裡拉拔出來，首先需要確實掌握科技與人文的分際。

而這一切最根本的基礎，就是要在科學與理性的素養之外，積極培養自己對大自然、人文歷史與內在情感的覺察能力，才能藉此去感受與追求看不見的愛情與幸福。

結語

心靈豐富的人自然會快樂、有自信，而不在意外在的得失；只有心靈貧乏的人才會在意輸贏，因為他們只能靠著把別人踩下去來肯定自己的價值。

古典的人文精神希望我們可以藉由提升心靈的敏感度而獲得豐富、活潑、深刻的內在生活。我們可以藉由對大自然的敏銳觀察與細心體會，逐漸開發出對外在事物與內在感受的高度覺察能力，並且進一步在詩、詞、文學作品的引導下強化、細緻化與深化這些感受，並且透過音樂、繪畫與文學而去感受、揣摩歷史上各種偉大人物的情感世界，去感受他們生命中最激盪人心的片刻，以及最讓他們覺得值得「為之生、為之死」的那些價值與情感。

一個心靈敏感的人可以活在歷史與人文精神的廣天闊地裡，一個心靈遲鈍的人則只能在財富、權位與虛名裡打轉。怎樣的人生比較值得，應該是毋須贅言了！

Unit 20 走出理性與感性的戰爭

人活著，就是為了要發展出「更好」的自己，去體驗更美好、更難得、更深刻的內在情感以及大自然的美麗，也企圖透過歷史所遺留下來的美術、音樂與文學去探究歷史上有過的各種難得、高貴的人性，以及莊嚴、崇高，乃至於神聖的感情。藉由這一系列的體驗，讓我們的人生成為一個豐盛、可貴而值得的旅程，讓我們在人生的最後一刻可以無憾地說出：此生足矣。

但是，這些人文情感誠然可貴，納粹與日本軍閥的南京大屠殺卻也都是師出於「愛國」的高貴情感之名，而十字軍東征與宗教狂熱分子的恐怖攻擊則是出之以宗教情感之名。歷經兩次世界大戰之後，許多西方的菁英都對「高貴的熱情」深懷疑慮和恐懼。為了徹底免除情感的任性、莽撞、蠻橫與獨斷，二次大戰之後「理性」的力量超越「感性」，成為個人與社會的主要規範。

但是，當感性無分精粗一律被視為是主觀、任性，不值得尊重的個人情緒時，人的生命就開始被壓迫而變得愈來愈乏味、空洞。很多科技新貴面對太太或孩子的傷心、無奈或委屈時，無法理解他們的感受，也不願意去瞭解他們的感受，還反而抱怨女人和小孩大腦欠缺邏輯。科學與理性毫無節制地擴大它們的霸權，否認一切理性與科學所無法理解的感性，因而使我們也連帶失去了情感、理想、意義，以及對人生的各種憧憬。

如果所有與經驗世界有關的「客觀」事實都必須交給「科學」去裁決，那麼「自我成長」將會被禁錮在理性或科學的狹隘領域裡，連過去五千年來中外文明所曾創造過的人生意義也都將一一消解。試想一個女性在未婚夫生日那天送他一束玫瑰花，這個專攻化學的大男生卻在實驗室裡把玫瑰花瓣碾碎去做成份分析，想知道它值不值得花那麼大的一把錢。燒杯裡容不下愛情，當理性或科學跨越它該守的界線時，就會扼殺人文的價值與感性。

人文的感性在過去之所以被壓抑，是為了消除它的任性、莽撞、蠻橫與獨斷；但是過度仰賴理性與科學的結果，卻只是培養出新的霸權。其實，古典的人文精神有它自己的一套方法，可以在不壓抑人文情感的發展下消除它的任性、莽撞與獨斷。孔子說：「樂而不淫，哀而不傷。」《中庸》謂：「喜怒哀樂之未發，謂之中；發而皆中節，謂之和。」都是在說成熟的人文情感如何可以自我節制。

真正的人文情感並非「只要我喜歡，有什麼不可以」，而是對於內在情感的敏銳覺察、分辨以及好壞的判斷與調節。「書如其人」與「畫如其人」，中國傳統藝術思想中的審美判斷，其實就是人性與情感的審美判斷。人文可以有它自己的調節與規範之道，不需要仰賴理性與科學。

成熟的人文精神與感性

古典人文所追求的情感，並非任性、獨斷、自以為是的粗鄙感性，而是經過細心的醞釀、培育，經年累月地發展出來的成熟感情。這樣的人文素養可以引導人超出以偏概全的「主觀」，而達到一種跟科學或理性迥然不同的「客觀」——一種超越個人固陋的成熟情感或主體性。

古典的人文精神和語言迥然不同於科學與邏輯，它運用聯集的原理，在異質文化中相互啟發、相互融合，從而擴大我們對人性和這個世界的感受與想像，也同時豐富了語言和概念的內容，從而在成熟的過程中逐漸擴大個人感受的深度、細膩度與寬廣度，而不再任性、獨斷、自以為是。

會意字的原理最能突顯這個人文的語言和方法特質。「武」字是由「止」、「戈」兩個概念組成，但是「武」的意思並非單調、駭板地把「止」、「戈」兩個概念加在一起，它是用這兩個概念刺激讀者去思索、玩味這兩個概念背後更深刻的可能含意：要怎樣的胸襟、人格才能夠真的化解血流成河的干戈與世仇，各自療傷而不再彼此報復？「武德」之所以超出於武力，就因為它需要超乎武力之外的人格魅力。

唐詩也可以被看成是會意字聯集原理的擴大應用。以李白的〈送友人〉詩為例：「青山橫北郭，白水繞東城。此地一為別，孤篷萬里征。浮雲遊子意，落日故人情。揮手自茲去，蕭蕭班馬鳴。」這首詩的前兩句裡，青山與北郭各自勾勒一種場景，但兩個場景加在一起卻引發我們比「青山＋北郭」更豐富的想像。同樣的，「白水繞東城」的情境遠超乎「白水＋東城」的單調。而第一句和第二句又再度發揮會意字的聯集作用，勾勒出一種遼闊、悠遠的場景，豐富我們對遙遠地域和邊陲的想像。在這場景中，第三、四句先是以會意字的方式引發讀者情感的豐富聯想，再映照著前兩句遼闊、悠遠的場景，更加深天涯遼闊，今日一別重逢難期的依依不捨。所謂「景中有情，情中有景」，就是一種會意字與聯集原理的利用，藉此引發讀者超乎文字的豐富、深刻感受。

因為人文的語言是靠著聯集的原理去擴大想像，啟發更深刻的領會，因此它需要藉用讀者的人生體驗和想像力作為聯集的基礎，並且要求讀者在作者的引導下跨出個人有限的經歷。以李清照的〈如夢令〉為例：「昨夜雨疏風驟，濃睡不消殘酒。試問捲簾人，卻道海棠依舊。知否？知否？應是綠肥紅瘦。」文學史上對於誰是捲簾人有兩種主張，一個是她的貼身女侍，一個是她丈夫趙明誠。不管是兩者中的哪一位，都是李清照很貼己的人，貼己到足以讓她在不開心時怪罪對方不瞭解自己的心情。短短三十三個字，如何足以下出這樣大膽的結論，又如何在過去一千年來沒有引起任何的爭議？

「綠肥紅瘦」是說經過一夜風雨後，女主人堅持窗外的海棠應該花瓣凋零只剩綠葉，但捲起簾子看向窗外的人卻說海棠花好好的未曾凋零。到底誰說的才對？當然是看得見窗外的捲簾人。那麼這女主人幹嘛要強辯？她氣的是這個原該很貼心的捲簾人竟然感受不到她的愁緒，因而鬧彆扭。憑什麼說她心情不好？「濃睡不消殘酒」點出了昨夜的心緒，喝了一肚子悶酒，不但一夜的沉睡還消不了酒意，甚至也還消不了愁緒。

短短三十三個字，仔細揣摩的人卻可以讀出許多女性獨有的風韻：沒頭沒腦又難以自解的愁緒，跟貼心人鬧彆扭時讓人頭痛卻又愛憐的嬌嗔，都淋漓盡致，溢於言表。之所以能如此，是因為讀者利用個人的情感經驗來揣摩作者在填詞時的情感，因而豐富了他對文字的感受能力，也把文字所未逮的情境給帶了進來。文學的欣賞不可能沒有讀者個人情感經驗的參與，也因此對同一闕詞的感受因人而異。但是，這種差異是有所軌範與通同的，並非毫無所節的任性與主觀。

詩詞的欣賞很像玩填字的遊戲，讀者根據詩詞的內容（猶如填字遊戲的線索）和自己的情感經驗，想像著作者可能要表達的場景、情境或心懷（猶如填字遊戲的答案），但是這個對於作品的想像必須要能吻合詩詞的內容所提供的所有線索，不能有矛盾，也不能遺留下無法合理解釋的線索。詩詞的內容既是對讀者的引導與啟發，同時也是對讀者揣摩、想像時的範限。

透過這樣的過程，讀者等於是在詩詞的引導下重組個人的情感經驗，並且在這重組的過程中創造出新的體會和情感經驗。

在這種揣摩的過程中，耐心且細心的人有機會突破個人經驗的囿限，藉著作品的引導而體驗到比以前更細膩、深刻而寬闊的情感，使個人感受的能力擴大、加深，終而累積出愈來愈深厚的人文素養。也正是因為這樣的過程需要讀者投入個人的情感經驗去跟想像中的作者互動，而作者也需要時間去累積出生命的成熟度來跟讀者對話，因此人文的成熟度需要時間，深刻的人文學者或偉大的文學家往往是在晚年或臨終前才完成最偉大的著作。

這樣的一種人文精神的養成過程，會幫助認真揣摩的讀者跨出任性、淺薄而狹隘的主觀，在歷史上各種深刻、成熟的作者引導下，發展出愈來愈成熟的人文手采。這樣的人文修養也可以幫助人跳脫狹隘的自我、盲從與迷信，但是卻不會像科學那樣困鎖於概念與精神的貧乏。這種成熟而豐富的個人情感經驗，以及透過這種過程而揣摩、體會到的各種人性、情懷，才是古典人文精神想要追求的「自我實現」。

科學與理性的局限

很多人都模模糊糊地感覺到：如果一切的「事實」都必須交給科學與理性去裁決，結果必然會導致人文情感的空洞化與人生意義的消解。但是很少人真正清楚地覺悟：科學與邏輯雖然精確，但是它們所使用的語言在概念內涵上都必定比日常語言還更貧乏，因而不可能涵容人性與人的感情。

如果有人問你：「一個香蕉加一個蘋果等於什麼？」答案是：「不同單位的東西不能相加，因此，『一個香蕉加一個蘋果』還是等於『一個香蕉加一個蘋果』。」要讓數學運算中的對象可以被相加，就必須要用交集的原理去抽離掉它們概念中所有相異的內容，使它們的概念成為一致而貧乏的內容——風味截然不同的香蕉與蘋果，被抽離掉所有具體的概念內容，變成無色、無味，沒有大小、重量的空洞概念「水果」，然後才可以開始適用最簡單的加法運算。

科學與邏輯有一種讓人著迷的魅力：它們可以透過演算（演繹）的過程，把一組敘述中原來看不清楚的含意給揭露出來。譬如，解聯立方程式猶如一種翻譯的動作，它可以把「12X-25Y+9Z=204，-3X+67Y+23Z=174且34X-9Y+127Z=1306」這一句直覺上不容易掌握的敘述，翻譯成直覺上很容易理解的「X=4，Y=-3且Z=9」。但是，為了追求這種精確演算的能力，它們卻要付出很大的代價：它們必須把被討論的概念局限在同質、單調而貧乏的內容。

在上面那一組聯立代數方程中，你必須設法讓X、Y、Z這三個變數在三個方程式中都代表完全一致的意思。譬如，X代表六十五歲以上男性的人數，Y代表六十五歲以上的女人，Z代表其他臺灣人的總數。在X這個集合裡面的男人原本有不相同的學歷、不相同的省籍、不相同的偏好，但是這些差異通通都要被忽略。在Z這個集合裡面的人差異更大，但是所有的差異卻通通都要被抹殺。

事實上，代數把一切無關乎數量的概念內容全部都消除盡淨了，古典物理也把一切無關乎質量、時間和長度的概念內容通通都給捨棄。因此，當一束玫瑰花被拿進化學實驗室時，儘管女主人的情意猶濃，卻已經不可能在化學實驗室裡被發現。科學無法探討生命與感情，因為這些東西在建構科學的概念時就已經徹底被剔除。把未婚妻的玫瑰花拿進有機化學分析實驗室，錯在情感不是化學可以討論的範疇。想用理性去分析未婚妻的行為，錯在情感不屬於理性的範疇，如果不用心去體會，當然絕對無法理解那行為背後的情意。

理性與感性的互補

為了進行精確的演繹，使得科學與邏輯付出了概念貧乏的代價。但是，最大的收穫在於：它們可以有系統地彙整乍看毫不相關的敘述，經過前後一致的推論，而揭露現象背後隱密的事實。此外，這種演繹的能力，也使人可以避免以偏概全的武斷與任性。因此，科學被公認為人類有史以來最客觀的方法和學問，可以跨越時代、空間，乃至於族群與文化而精確地被傳播與傳承，因此可以一代又一代累積，並且在全球分工研究後輕易地整合成愈來愈龐大的知識體系。

譬如，西方的數學知識最早是發源於埃及的測地學，經由古希臘人的手而變成演繹的科學，後來在阿拉伯人的手裡發揚光大，最後在英語、法語和德語系的國家裡發展成當代體系龐大的抽象數學。在數千年不同族群、文化的傳承裡，它可以不受限制地超越各種語言翻譯上的困難而不受任何的誤解、扭曲。

對比下，人文領域最精微、深奧的部分往往是「如人飲水，冷暖自知」，每一分寶貴的體認都必須要靠當事人自己的人生體驗去契會，很難跨越個人的經驗去累積與傳承，更難進行全球的分工與整合，因此五千年來很難看出人文有怎樣的累積與進步。

但是科學和邏輯也為此付出了昂貴的代價：它只能被用來討論所有族群、文化中可以共通的概念內涵（所有人概念內涵的交集），而把個人的體驗和異文化中有可能會造成歧異性理解的概念內容全部捨棄。交集像減法，會使得交集後的集合內涵變得愈來愈貧乏；科學運用交集原理來使它的術語具有跨文化、跨時空的客觀性，但也在這過程中使它所能探討的概念內容變得異常貧乏。

數學只探討跟人的一切經驗都毫不相關的抽象概念，而物理只探討跟質量、時間和長度有關的現象。邏輯變成一個空架子，理論上它可以被用來推論任何具有同質性的概念，實際上邏輯學家往往只處理符號間的邏輯關係，而根本不曾去研究跟人生意義有關的任何概念。因此，國內外的哲學系都陷入一個極端尷尬的窘境：每個人都想知道什麼是人生的意義，但是歐美的哲學系裡卻沒有任何一堂課在討論這一個問題。

反之，被科學遺棄而不去探討的人文世界裡，卻有著我們最珍惜的情感世界。不同的文化體系用不同的方式引導我們去欣賞大自然的美麗、蟲鳴鳥叫的喜悅，以及關於人的情感、願望、委屈、意義或價值的各種問題。在近代科學興起之前，以感性為本的人文精神曾經引領過人類數千年的發展，並且成就過浩瀚的精神文明。雖然每一個文化看待沙漠的方式都不一樣，對食物與料理的好惡各有不同，但是各種異質的文化加在一起不但讓這個世界變得更加多采多姿，還可以在異文化的相互啟發、攻錯下彼此看見對方的盲點，進而有機會看見自己的盲點。儘管十字軍東征引起的殺戮是因為異文化間彼此的主觀與成見，但是透過十字軍的東征卻讓歐洲重新發現古希臘與文藝復興，同時從阿拉伯人那裡接收了比古希臘更豐富的數學與科技知識，還在異文化衝突之後萌發了企圖瞭解異文化的早期人類學。

在這些歷史的背後隱藏著一個事實：只要節制感性的粗鄙、任性和以偏概全的「主觀」，就有機會從發揮古典人文兼容並蓄的精神，發揮成熟感性的優點。但是，這有賴於我們對傳統人文精神更深刻的體認。

結語

在西方的傳統裡，理性的顛峰時期總是伴隨著感性的顛峰，相互為用地創造出豐富的文化與精神生活。只有理性而缺乏感性，生命是蒼白而貧乏的；只有衝動、莽撞的感性而完全沒有理性，很容易變成「樂而淫，哀而傷」的濫情。孔子所謂「文質彬彬然後君子」，以今天的話說，就是理性與感性同時達到成熟的極致才算是君子。

理性主義和浪漫主義在西方的文化傳統裡有著長遠的淵源，而且兩者往往都是前後相繼地同時達到前後時代的峰顛。希臘的形上學與幾何學都是企圖以人類的理性為基礎去辯明宇宙和人生的真理，而希臘悲劇則在不可抗拒的命運下發展出各種足以跟命運抗衡的高貴感情。希臘悲劇三大家艾司奇勒斯（Aeschylus，西元前五二五／五二四－西元前四五五／四五六）、索福克里斯（西元前四九七／四九六－西元前四〇六／四〇五）和尤里庇狄斯（Euripides，西元前四八〇－西元前四〇六）最活躍的時期尚未結束，蘇格拉底（西元前四六九－西元前三九九）和柏拉圖（西元前四二四／四二三－西元前三四八／三四七）的時代就已經開始。

即使是被稱為繁瑣哲學的中世紀，信仰的力量雖然被抬舉到高於理性的位階，但是在不違背信仰的前提下，理性仍然是中世紀所有學術與論證的基礎。文藝復興時期的達文西（Leonardo da Vinci，一四五二－一五一九）兼擅藝術與科技，之後的笛卡兒（René Descartes，一五九六－一六五〇）、斯賓諾莎（Baruch de Spinoza，一六三二－一六七七）和萊布尼茨（Gottfried W. Leibniz，一六四六－一七一六）都企圖藉助理性的方法在其極限上重新建立信仰的基礎。

為了對抗宗教與皇權的愚民統治，十八世紀的啟蒙運動者企圖用科學和理性的力量消除過往的一切蒙昧無知，因此自稱為「照亮黑暗」（enlightenment）的人。但是盧騷（Jean-Jacques Rousseau，一七一二—一七七八）的自然主義立即開啟了德國的狂飆運動（Sturm und Drang）和席捲歐洲的浪漫主義，為生硬、冰冷的理性主義注入了深刻的人文情感與人文思想。

理性與感性同時都是生命裡的渴望與可能性，它們也可以同時被用來豐富、滋潤人的生命。只有當這兩種力量都同時在一個人身上自然而不受拘束地發展時，人才有機會達到他「做自己」的最大可能。

Unit 21

只有生命，沒有矛盾

對佛學略有所知的人大概都會知道：語言和文字都是迷障，以片面的線索遮掩了究竟的真相。問題是，我們所有重要的決定幾乎都要靠審慎的思考，而思考又無可避免是在語言和文字中進行。因此經常進退維谷：不去想就怕做錯事而反悔，認真去想卻愈想愈感到矛盾而無解。

譬如說，一對新婚夫婦面對著中秋節，婆婆要剛懷孕的媳婦回屏東過節，先生希望用難得的假期在新竹度過小倆口的情人節，而太太則很想回蘇澳老家去看看久病未癒的母親。這樣三重角色的女人確實很難當：不回去看媽媽心裡過不去，不回去看公公婆婆卻又拂逆了他們老人家的好意，如果先生又不夠貼心，怎麼做都難讓他感受到自己的心意。一個人是可以同時對三方都有同等份量的情意，但人的身體和抉擇卻只能有一個。如果大家都願意體貼地去看這新媳婦的心，那麼她怎麼做其實都無所謂，但是如果大家硬要在語言或道理上爭辯，事情就會徹底被扭曲而無解。

所有的言語敘述都是對真實生命場景的過度簡化，而是非對錯的論斷則是根據有限的原則與事實的片段，不但無法涵蓋生命現場的完整事實，甚至無法涵蓋文字範圍內所能敘述的所有線索。因此，愈是相信「真理愈辯愈明」的人，愈有機會掉入文字的迷障，而誤把文字概念中的矛盾當作生命本身的矛盾。

在梅莉・史翠普（Meryl Streep）主演的《蘇菲亞的抉擇》（*Sophie's Choice*）中，女主角蘇菲亞哀求納粹軍官讓兒子和女兒都可以免於一死，但德國軍官卻殘酷地要她只能在兩個孩子中選擇一個活命。當這個母親久久不能做出決定時，軍官威脅她：再猶豫下去兩個孩子都將無一倖免，這母親在慌亂中不知所措地說出"take my little girl"。表面上看起來，蘇菲亞好像是選擇了救她兒子而捨棄她女兒，但是願意認真去體會這母親心情的人都知道，她兩個都不捨。如果有人硬要雞蛋裡挑骨頭，辯論說「畢竟她最後還是選擇了兒子而捨棄了女兒」，這就是以偏概全，硬要把她不知所措的瞬間放大，來遮蓋掉這母親從頭到尾都不捨的事實。假如還要再用這過份以偏概全的瞬間言行為基礎，對她不知所措中說出的一句話進行倫理學的分析，就會把事實變得更加扭曲。

相信「真理愈辯愈明」的人有一個很大的盲點：看不見語言和事實的落差。其實，當語言的辯論愈清楚的時候，反而往往離事實也愈遙遠。希臘有一個很有名的故事，就在儆醒所有喜歡辯論的人。

阿奇里斯與烏龜賽跑

阿奇里斯（Achilles）是半人半神的「希臘第一勇士」，而芝諾（Zeno of Elea）則是西元前五世紀的哲學家，他提出有關阿奇里斯與烏龜賽跑的詭論（Zenos paradox），而名垂青史。

芝諾的詭論看起來很簡單，卻困擾了西方哲學界整整兩千年。他說，如果讓烏龜在阿奇里斯前面一段距離D，然後讓阿奇里斯和烏龜開始賽跑，那麼阿奇里斯將會永遠追不上烏龜。這個結論乍聽就知道不對，但是你愈聽他分析，就愈會覺得芝諾說的確實很有道理。

他是這麼說的：因為阿奇里斯跑得比較快，所以一段時間過去之後他跟烏龜的距離將會只剩下一半，也就是D/2；再過一段時間之後，距離又再縮短為原來的一半，也就是D/4；就這樣下去，距離愈來愈小，變成原來的一半又一半。但是，不管這距離多小，它都不會變成是零，因為不是零的數不管怎麼切割都永遠不會是零，所以阿奇里斯將會永遠都追不上烏龜！

芝諾是個極其聰明的哲學家，他當然知道阿奇里斯一定會追上烏龜。他提出這個詭論，就是要讓所有的希臘人知道：當語言論證愈清楚的時候，可能卻離事實愈遙遠！

在《蘇菲亞的抉擇》裡，如果我們不要在倫理學裡鑽牛角尖，質問她該在兩個孩子間如何做抉擇，就有機會看到較完整的事實：她原本會失去兩個孩子，但是因為成功說服了納粹軍官，因此有機會救一個孩子。事實的重點並非她犧牲了一個孩子，而應該是她救了一個孩子。

再揣摩一下她的心情，就知道她的動機和作為都是要救一個孩子，而納粹軍官才是讓另一個孩子被殺的行為者。因此，重點在於她救了一個孩子，至於救的是誰其實並不重要。或者說：蘇菲亞沒有捨棄另一個孩子，她只是沒機會救另一個而已。但是語言永遠是對事實的過度簡化，所以很多講述「道德兩難」的理論家都故意把這故事說成：她捨棄了一個孩子。雖然這根本不是「事實」。

在人生的關鍵時刻裡，重要的往往不是如何「抉擇」，而是要去看到（記得）一個抉擇背後完整的事實。相信「真理愈辯愈明」的人老是想要把完整的生命故事放到過度簡化的理論結構下去論證；但是，一個人只要有能力分辨生命的事實與理論的差距，就會知道：關鍵在於回到生命的現場去看見全部的事實，而不是在語言中爭辯殘缺不全甚至被扭曲的片面「事實」。

語言的陷阱

其實，蘇菲亞的抉擇或芝諾的詭論並非特例，而是語言中無處不在的陷阱。這是因為理性的語言在建構的時候就埋下了永遠無法解決的二元對立——僅存在於語言中的瑕疵與迷障，而非生命裡真正的矛盾。

我們的語言概念經常是以對立的兩個名詞為基礎而建立起來，譬如「善、惡」、「明、暗」、「動、靜」，乃至於「時間與空間」。如果不要過份挑剔，這些概念原本只是相對而非互不相容的對立：善是相對於惡的「好」，而惡是相對於善的「不夠好」，兩者之間原本有個不清楚的灰階地帶。譬如，捐錢助人是「善」，搶奪別人的錢是「惡」，而餘錢有限捨不得捐給別人則是在「善、惡」的灰階地帶。不僅如此，「善」的概念中原本可以隱忍著某種程度的惡，譬如，劫富濟貧大致上算是「善」，但是其中隱忍著「劫富」的惡。這樣的概念有時候有點含混、曖昧，但是卻可以靈活地容下真實人生裡許多絕不單純的事實。

在邏輯、數學與自然科學等狹隘的「理性思維」影響下，我們對文字的使用也愈來愈講究，愈要求它精準、清晰，愈無法忍受概念中任何的含糊或模稜兩可。因此，我們也在不知不覺中接受了極端化的對立概念。以「善、惡」這一組概念為例，最清晰而不含混的概念就是使用矛盾律讓它們徹底對立：也就是：「真正的善不可以含有任何惡的成份，真正的惡中不能含有任何的善」——「善≠非善」，「善≠惡」。緊接著：「理想≠現實」，因此一個有理想的人往往會把自己給逼得在現實上流離失所，而期待在道德中成就自己的人就徹底地壓制自己飲食、男女的各種生理需要。

超乎溫飽無憂的現實確實是不值得多費心思去追求，但是讓自己和家人溫飽無憂只不過是作為人的一種基本需要，何必因為追求理想而去壓迫它？溫飽的現實是生命裡不能否認的一部分，理想則是我們生命裡渴望的另一部分，為何同樣是生命裡的真實，卻非得要用其中的一部分去消滅另外一部分？

其實，真實的生命不但可以同時容納現實與理想，而且還非得要同時容納兩者不可——沒有理想，人將無法滿足其追求生命意義與價值的基本需要；沒有溫飽，又如何能在飢寒交迫下從事理想的追求？滿足基本的溫飽之後，可以放心追求理想；滿足溫飽之前，必須要先養活自己才能在未來無憂慮地追求理想。溫飽的現實本是追求理想的第一步，何來衝突？衝突的不是生命的真實，而是二元的概念！

有些人進一步把這種極端化的概念應用到自己的生活層面：「愛是絕對不含自私的成份，因此愛就是百分之百地成全對方，不能有自己的保留或意願。」於是，很多女性動不動就要測試一下男友或丈夫是否願意像熱戀時那樣為她瘋狂犧牲，來作為愛情熱度的表徵。

愛情中的瘋狂成份，不僅來自於粗鄙的感性，也來自於因為極端化而被扭曲的「理性」！這些極端化的「理性」把人生活潑、豐富而多元的事實變成單一、褊狹而僵固的教條，使得人活在概念的暴力之下，而無法看見事實的全部。

回到語言之前的生命

「善、惡」、「明、暗」以及「時間與空間」這樣的語言概念都是成對地出現，這並非偶然。看著陽光照耀的地方，我們可以確切地說那是「明亮」的地方，夜間看著漆黑一片的抽屜裡，我們也可以確切地說那是「黑暗」的地方，而晚上在屋子裡寫東西時，我們也可以很清楚地說：「這盞燈下比較暗，那盞燈下比較亮。」「明、暗」本來就是一組相對而共生的概念，我們是在相互比較的方式下，用較暗處來肯定某處為亮，用較亮處來肯定某處為暗。純然的亮或絕對的暗只不過是一種生活上不精確的籠統應用。譬如，雖然日常生活中我們會說豔陽照耀的稻田是「亮」，但是到了驕陽高照的雪地裡我們才會知道什麼是真正的「亮」，而稻田就顯得不再那麼「亮」了。

在日常語言裡，這一組相對的語詞是用來呈現一個單一的概念「明・暗（或亮度）」與「善・惡」。因為它們是以共生而相對的方式在呈現單一的概念，所以必然彼此含著對方的影子，並且相互定義對方。譬如，如何定義「善」？惡的另一端。如何定義「惡」？善的另一端。就像「存天理，去人欲」這個古老的道德主張，乍聽意思很清楚，細思卻什麼也沒講清楚。什麼是天理？人欲的相反。什麼是人欲？天理的相反。這簡直是什麼都沒有說啊！

我們有沒有辦法不使用天理與人欲的相互循環定義，直接把其中任何一者給講清楚？沒辦法！單一的詞就是不具有「說明」性。

但是，只要我們回到文字敘述之前的生命現場，就可以超越文字的矛盾與分裂而重新感受到生命的完整事實。印度《奧義書》說一切都始於一個聲音「唵」。這是什麼樣的神秘聲音？沒什麼神秘的。想像自己生平第一次看著高山上一片崇高而壯麗的景色，充滿感動地說出：「喔！好美！」那個「喔！」的聲音就是《奧義書》裡的「唵」。超乎語言所能形容的感動，它在一切語言的形容開始之前，它使之後一切語言的形容成為可能，它包含一切的語言形容又超乎一切語言的形容。它在文字的形容開始之前，因此它不在相對性或二元對立的文字概念之中，它超乎「美・醜」或「美、醜」的相對與對立。它就像《道德經》裡「天下萬物生於有」的「有」，以及「道生一，一生二，二生三，三生萬物」中的「一」。這個感動如果用：「喔！」或「好美！」這樣的單詞來形容，沒有人能知道你在說什麼——單詞不具有說明性，不具有指示性。因此，我們開始用一大堆形容詞來形容它：這比我看過的任何山都還更美（任何山都比它更醜）……

但是，當我們在「美・醜」相對的二元概念中展開各種說明時，這些語言文字的說明無法取代「喔！」的感動，聽的人也不應該把這些文字語言的說明當作是敘述者想要講的全部感動。想要體驗那種感動的人，必須要設法循著語言文字的引導，去揣測它們背後的那個感動本身，並且試圖引導自己去親身經歷那種感動。「如人飲水，冷暖自知」，生命的事實只有親身經歷才有辦法知道其中的滋味。

《指月錄》記錄禪宗歷代高僧的悟道過程，書名「指月」是要提醒讀者：如果有人用手指指向天空要你去看月亮，妳不可以誤把他的手指當月亮，直盯著指尖一直看；而要順著指尖所指的方向延伸出去，在這引導下自己去看看月亮到底在哪裡，到底滿天繁星中哪顆天體叫「月亮」。文字的敘述不能替代一個人親自的體悟，人必須順著文字的敘述延伸出去，靠自己的揣摩與想像來探索敘說者超乎文字的個人體驗。

文字不可能呈現生命的完整事實，而且愈是清晰的概念與陳述愈會誤導我們掉入二元對立的陷阱。「理想・現實」原本是一組共生的概念，用來呈現一種豐富而靈活的心願：不得已時先求溫飽，得已時戮力追求理想。但是，在極端的理性要求下，它卻被徹底分裂成兩個對立的概念「理想≠現實」，因而使一個完整的生命事實被切割成對立而殘缺的兩個局部，也使得人心永遠無法和平。

因此，每當我們面臨無法解決的矛盾時，最重要的是先問自己：這是文字概念虛構的矛盾，還是生命現場的真實矛盾？只有在跳出文字概念的矛盾與對立之後，我們才能夠回到文字概念之前，回到生命現場的完整事實裡，使生命恢復它的豐富與活潑，展現它無窮的生機。

生命沒有矛盾

年輕時聽貝多芬的「第十五號弦樂四重奏」（Op. 132），聽得很迷惑。四個聲部所傳達的情感極其多元而複雜，既像是抱怨，又像是感恩，就像是欣慰，又像是痛苦，而且經常是四者同時出現，而非先後的情緒轉折。在我的理解中，人是不可能同時既抱怨又感恩，既欣慰又痛苦，因為它們是矛盾對立的。但是，在心平氣和而心細如毛的深夜裡，我一再重複聆聽，都很像是四者同時出現。後來拿出樂曲說明來看，才知道貝多芬在這曲子第三章之前寫下「一個痊癒中的病人獻給神的感恩聖歌」（Holy Song of Thanksgiving by a Convalescent to the Divinity），其中有一段旋律上面有貝多芬的註記：「帶著非常親密的感情演奏」。

這首四重奏完成於一八二四年，比「第九交響曲」晚了將近一年。據說他在一八二二年時耳朵已經全聾，並且歷經數次大病。創作「第十五號弦樂四重奏」時，他再度經歷生理和心理上幾乎無法挽回的大病，並且剛剛完成生平兩大作品。如果我們去玩味這樣的生命情境，就可以體會到那確實是五味雜陳，所有對立的情感都可能同時出現。

這首曲子讓我生平第一次跳出語言文字的囿限，清楚體認到：思想中的矛盾通常是文字概念虛構的矛盾，而非生命裡真實的矛盾。

後來聽歐伊斯特拉夫（David Oistrakh）演奏貝多芬的曲子，再度感受到原來我們觀念中的「道德」充滿語言文字虛構的矛盾與對立。習慣上，我們想像中的聖人很嚴肅、很認真，絕對不苟言笑。也就是說，一談到「道德」，我們的精神就會繃緊到不容歡笑。但是讓我們試著揣摩歐伊斯特拉夫在劇院演奏貝多芬時的心情。他必須要時刻專注才有機會演奏出貝多芬情感的神髓，因此音樂家通常在表演之前只吃一點點東西，在表演結束後才會去吃晚餐。但是，歐伊斯特拉夫一方面維持著情感上的專注，一方面還要保持著情感上的活潑，否則曲子會被表現得非常機械化。

人有可能在情感上同時保持專注、嚴肅，卻又同時極端活潑嗎？想起來好像不可能，但這個不可能卻是來自於文字概念中「專注、嚴肅」與「活潑」間的對立——這是文字虛構的矛盾，而非生命中必然的矛盾。只要你用心去聽一次歐伊斯特拉夫演奏的貝多芬，你就會明白「專注、嚴肅」與「活潑」同時存在確實是可能的。

結語

其實，在許多人生的關鍵抉擇時，要緊的不是在理性分析上論辯該如何抉擇，或者評斷別人舉措的對錯是非，而是要有能力看見生命現場完整的事實，或者努力傾聽、瞭解、體會當事人的感受。只要能夠充分體會生命的整全以及行為上必然的局限，就有機會在取捨中不留下遺憾；只要有能力體會當事人的感受，就可以跳出語言文字虛構的矛盾，而回到「怎麼做都莫可奈何，但是怎麼做也都不能算是錯」的真實情境。

今天已經很少人警覺到：

幸福與愛情都存在於看不見也摸不著的地方，

只有仰賴敏銳的覺察能力，

才有辦法感受到它們的存在。

Unit 22

三十而立，四十而不惑

對於那些學生時代有過各種人生夢想的人而言，三十歲到四十歲之間往往會有很深的徬徨和疑惑，不知道自己在現實與理想之間到底能成就些什麼，到底該追求些什麼。嚴重的時候，甚至懷疑自己有過的夢想會不會都是空想？

年近四十的時候，不管是剛念博士或者已經工作多年的人，都已經從就業的同學那裡發現：現實世界不好玩！當老師的人發現學生家長只在意成績，而看不見孩子內心的成長與困擾；當同事都在拚升學率時，自己不知道該不該抗拒校長對升學率的重視；懷著愛心對待學生，卻發現許多學生真的很惡質，很難讓人喜愛。上班的同事有人收入多，有人收入少，相同的是通通在罵老闆剝削員工，不怕員工過勞死；不管薪水多與少，公司的政策看起來都一樣愚蠢，而管理階層似乎都在狀況外，不知道自己這一份工作除了換得薪水之外，到底還有什麼意義。到公務機關上班，整天窮於應付公部門無聊的規定，往往明知是錯還要照著長官的指示和規定去做；去建築師事務所的人成天忙畫圖、伺候客戶，根本談不上「創作」；藝術與文學創作者發現消費者很蠢，只有譁眾取寵的人賣得出作品，而經紀人與出版社很少有文化氣息，他們在乎的是利潤。

不死心的人把熱情轉向工作與家庭之外，企圖像學生時代那樣從文學作品、電影、藝術創作中尋找熱情，卻發現自己所做的一切都只不過是在重複早已重複過太多次的動作：類似的電影、類似的小說、類似的畫風、類似的題材與筆調。

年近四十時，看著十四歲的少年男女，既羨慕他們的熱情與無憂，又偶爾不禁要笑他們的天真與無知；看著已過四十歲的大哥、大姊們，絕大多數人早已耽溺在現實與物欲之中，精神上毫無喘息的可能；其他人頂多當個雅痞，一副看破人生，遊戲人間的樣子，不再有什麼認真的執著。看著身周的人那種活的樣子，真不知道要不要學他們，放棄有過的夢想，承認那一切只不過是空想。

我也曾經這樣，但是卻很幸運地從托爾斯泰、卡謬、塞尚和林布蘭的生平看見一條脫困的道路。及至年齡漸長，才終於體悟到生命有它自己的成長節奏，三十到四十之間的惶惑是人人必經的考驗，連孔子也不例外。「吾十有五而志於學；三十而立；四十而不惑；五十而知天命；六十而耳順；七十而從心所欲，不逾矩。」這一段話真的是道盡生命過程關鍵性的考驗與成長軌跡。

青壯年的困惑

孔子在三十歲到四十歲之間會不會也有他的惶恐與疑惑？傳統的解讀囿於世傳的「聖人」形象，不敢承認孔子也是人，只能含糊籠統地說：孔子在三十歲時已經學有所成，卓然而立。問題是，一個三十就已「卓然而立」的人，怎麼會「四十而不惑」？四十而不惑不就意味著之前大有惶惑嗎？

如果我們證之以近代著名文學家與藝術家清晰的生命史，三十歲左右的虛無、懷疑幾乎是天才必經的生命旅程。以林布蘭（Rembrandt van Rijn，一六〇六－一六六九）為例，這個出身富商人家的天才成名甚早，前半生不曾有過財務的困擾，但他在一六二八年的〈青年自畫像〉（Self Portrait as a Young Man）裡額頭陰影籠罩，雙眼近乎空洞；在一六二九年的〈青年自畫像〉（Self Portrait as a Young Man）裡額頭陰影更沉重，雙眼滿是惶恐、疑惑。儘管同一年〈帶頸甲的自畫像〉（Self Portrait with Gorget）和〈戴羽飾扁帽的自畫像〉（Self Portrait with Plumed Beret）裡是比較有自信的優雅模樣，一六三〇年的〈自畫像〉（Self Portrait）裡還是一張優雅而愁苦的面容。在一六三四年這一幅貴氣而優雅的〈自畫像〉（Self Portrait）裡，自信中仍舊帶著一抹焦慮、疑惑；但在一六三五年〈和莎斯姬亞一起的自畫像〉（Rembrandt and Saskia in the Scene of the Prodigal Son in the Tavern）裡，他卻把突然把自己畫成耽溺於物欲的浮華俗物。如果仔細看他五十歲以前的所有自畫像，幾乎都優雅而略帶愁容，有時則難掩疑惑與不安，甚至惶恐。直到五十歲以後，我們才在他的自畫像裡看到堅毅、鎮定的神情，好似堅決要邁向一個絕不妥協的挑戰；六十歲之後，他臉上的線條才柔和下來，好像卸下了戰鬥的決心，找到了跟自己命運和平相處的態度。

塞尚（Paul Cezanne，一八三九—一九〇六）的生平也非常神似這樣的過程。塞尚很早就對繪畫有興趣，但是卻屈服於父親的意志而去學法律。後來他經過相當的努力才取得父親的同意，在一八六一年時到巴黎去學畫。但是這一趟冒險只維持了六個月，他毀掉了許多畫作，滿懷著對自己繪畫天分的懷疑，回故鄉跟父親過了一年。之後，他再度鼓舞勇氣奔赴巴黎，卻在美術學校的入學考上失敗，作品也被沙龍展拒絕。一八六一至一八七〇這一段時期被稱為塞尚的「黑暗時期」（Dark period），他的作品充滿用畫刀直接塗抹在畫布上的粗暴筆觸，衝動強烈而意圖曖昧，色調陰暗沉悶，連主題也充滿負面的聯想：強暴、骷髏。雖然有些美術史研究者表示這期間的作品有其「獨特處」，但是塞尚謔稱它是「浮誇的雄性風格」，而絕大多數人只看到一個找不到出路的畫家，以及跟人無法相處的孤僻怪人。三十歲以後，塞尚在跟畢沙羅（Camille Pissarro）的交往中開始戶外的寫生，直接以大自然為師，而他的筆觸則慢慢變得較細膩，色彩也逐漸較流暢、活潑而鮮明。但是要到一八七九年的〈水果〉（Fruit）和〈Maincy橋〉（Pont de Maincy），塞尚才開始建立起可以被辨識的個人風格，並且隨著歲月漸增，他的作品在情感上與創作理念上都愈來愈深刻。他一輩子企圖呈現大自然的莊嚴、神秘與崇高，但是能勉強企及這個企圖的作品，絕大多數是在六十歲左右才完成。

林布蘭和塞尚是兩位不世出的天才，他們終生在追求繪畫與人生的最終價值。因為不曾怠惰、自滿，也因為懷抱的理想非常高，所以在人生的終點上為我們見證了生命的莊嚴與可貴，也為藝術找到值得「為之生、為之死」的理由。但是，以他們的天賦與執著，在青、壯年時都還是嚴厲地懷疑過自己，直到四十歲才找到足以讓自己確信的立基點，而使那強烈的懷疑開始減弱；並且要到五十歲左右才建立起真正的自信，同時有能力表現出自己在藝術創作和人生體驗上獨特的深度。

假如連這麼認真的天才都有青、壯年時的惶恐與困惑，一般人更加難以避免。因為，壯年的惶惑並非偶然，而是有其根植於人性底層的某種必然。

青春夢醒與虛無

一個人如果會在三十到四十歲之間感到理想的不可企及，甚至懷疑起自己有過的理想，其實已經不是普通人了。更多的人甚至一輩子只憑著一股虛榮心在追求人云亦云的浮華，從來不曾知道何謂「理想」。

可惜的是，年輕時的熱情與靈感雖然可貴，卻不一定足以支持我們走過青、壯年時的惶恐與困惑。因為，生命有它的內在節奏。

一個比較敏感的人，很容易在十四歲左右的青春期就開始被大自然的美景或文學作品激發出浪漫情感，而對人生有一些憧憬，嚮往著美麗而永生不渝的愛情，在大自然與文學中無休止的陶醉，或者隨著歲月而漸增的智慧，以及「讓世界因自己而變得更美好」的願景。

在十四歲的心靈裡，不管看過這世界多少的醜陋面貌，總還是對這世界抱著更大的期待：在遙遠的他方，在這世界的某塊淨土上，世界是美麗的，人與人之間是友善而和樂的。在十四歲的心靈裡，天底下沒有哪一件事情是不可能的。因為，「明天」會使一切都變成可能。任何事情，如果今天做不到，那麼只要等他長大，就有可能。

懷抱著這樣的天真與熱情，我們很容易被前人的精神與丰采感動，並進而引發出各種靈感與嚮往。年輕時的靈感，往往是不加揀擇地相信一切美好的事物，而從來不去想「那是不是可能的」。這是一種一廂情願的熱情：只要是美好的，就是可能的；這甚至是一種自欺的熱情：只要是美好的，就看不到「自己根本做不到」的事實。年輕的夢想往往是跟行動分離的！

有些人就這樣自欺欺人地過了一輩子：他們永遠說著美麗的故事與偉大的夢想，卻從來不去實踐，也不去看到自己實踐上的無能。這些人，有時候是不夠敏感，而覺察不出自己的夢想跟現實有多遙遠；但更多的時候是沒有勇氣面對自己的懷疑，也欠缺徹底追求真實生命的熱情與毅力。於是，從二十五歲的文藝青年到變成五十二歲的青年偶像，他們逃避生命的真實困境與質疑，因此對生命的體認再也無法加深，五十二歲寫的書跟二十五歲時寫的一樣膚淺。但是，愈膚淺的東西愈容易吸引年輕人的熱情，使得他們也甘心仰賴年輕人無知的熱情來肯定自己的價值，就這樣子自欺欺人地混過青年、壯年與老年，而不曾在生命裡累積過任何深刻的體認。五四以來許多享有超人氣的「大師」、「青年偶像」都是這一類型。

但是，敏感度夠的人很容易在青年期開始覺察到現實與理想的差距，更敏感的人則會愈來愈清晰地看到這個距離，從而警覺到一個事實：原來自己從年少以來所建立的理想與熱情都是道聽塗說，不曾經歷過真實生命經驗的驗證。於是，那些不能滿足於空洞熱情的人，將會要求自己去面對真實的生命，並且以真實的生命經驗為基礎，去建立起屬於自己真正可以企及的理想。

從這個角度去重新揣摩孔子的話，使我相信「吾十有五而志於學；三十而立」有個更接近人性事實而絕不低俗的詮釋：十五歲起被前人的言行與生命丰采所感動，立志要以人為師，學習一切可以激起他理想與熱情的事物；但是所學愈多，愈能隨著個人生命的累積而看到想像與真實的差距，並開始懷疑起自己曾經有過的一切抱負；為了不願意活在自欺欺人的「理想」裡，終於在三十歲左右毅然決然擱下被前人所撩撥起的一切憧憬，放下所有未經自己生命檢證的傳聞，完全以自己有過的生命累積為基礎，重新開始探索生命的真實可能。

但是，如果「而立」是「靠自己的生命史站起來」，這卻也正是「除了自己，什麼都無法相信」的懷疑論時期。

就像法國哲學家笛卡兒，他在四十五歲那一年發表了名作《沉思錄》（*Meditations on First Philosophy*），記錄了他從二十三歲到四十五歲的一段心路歷程：他先是走出對各種權威的信賴，進入徹底的懷疑中，之後再靠著自己的反思與辯證，重新建立起對人生與這個世界的信任。

表面上看起來，笛卡兒能夠走出懷疑是靠了他的哲學方法，塞尚是靠了繪畫的突破與他對大自然的情感，而林布蘭則是耗費極大的努力，才從一系列對於宗教的質疑與省思中重新相信人有其莊嚴與神聖的可能。但是如果看透這一切的表象，這些人都是在徹底倚靠自己的生命經驗去重新發現、確認自己的生命價值；至於用的是什麼方法，最後對人生的確信是建立在人性的尊嚴、大自然或宗教的基礎上，這些並不重要。每一個時代各有其繼承的傳說、信仰與理想，每一個人各有其擅長、敏感的自我探索方式（哲學、文學、繪畫、音樂或電影），只要能藉以發現生命的價值，什麼工具都可以用。而且，其內在的心路歷程其實都是相似的，有著可以相互印證的類似節奏。

從小說看人生

從「三十而立」到「四十而不惑」的過程中，年輕時的一切信念與價值都要暫時被封鎖起來，完全靠自己去釐清什麼是人性的事實，什麼是年少的輕狂與誇大，什麼是生命中確實可信而絕不容置疑的理想與信念。這個檢視與再造的過程，會因個人的性情、稟賦與際遇而不同，無法抄襲前人的經驗。生平第一次要靠自己去產出心得和靈感，並且要能夠禁得起多疑的檢證，這是極端耗費心力的過程與考驗。托爾斯泰是支持我走過這十數年煎熬的首要支柱。

托爾斯泰的一生充滿著熱情、懷疑與自我搏鬥的艱苦歷程：他從一個對人生感到惶惑的孤兒，成長為虛無、縱欲而無法自拔的敗德者，晚年時終於成為一個信仰堅定、禁欲的耶穌信徒。一路上他從不曾自欺，不曾稍微鬆懈過嚴苛的自我檢視與鞭策，也不曾放棄過追求最真實而有價值的生活與生命。在這個充滿真誠、困惑、墮落與自責的過程中，他始終以小說記錄著他血淚斑駁的搏鬥過程與內心世界，也從而為讀者記錄下最真實的「人性發展史」，並提供讀者遼闊的人性視野與見證。

不同於許多哲學的學究，當托爾斯泰在小說中追究人生的意義時，他不是要表現自己的機智，而是在尋找真實的生命實踐。因此，他在探索的不僅僅只是一種理論上的可能性，而更是一種人性與實踐上具體的可能性。

因此，一本得過英國年度最佳傳記獎的書這樣說托爾斯泰：

他所以能永垂於世人深刻的記憶中，一個重要的因素就是他對於存在本身具有超乎常

> 人的自覺。……我們都知道有個東西叫「人生」，我們都知道自己活著，也都知道有一個充滿各種聲音和景象的世界。但是，當我們第一次讀托爾斯泰的時候，卻會覺得我們以前好像都是透過布滿灰塵的窗戶在看這世界。

不僅托爾斯泰如此，卡謬（Albert Camus，一九一三—一九六〇）和杜斯妥也夫斯基的所有著作也都忠實記錄下他們走過懷疑，尋找生命信念的詳細心路歷程。不過，托爾斯泰活得最久，因而為我們呈現了最完整而豐富的生命史。

托爾斯泰晚年把他的一生分成四個主要的人生階段：十四歲以前、十四歲到三十四歲結婚、婚後到五十二歲的文學創作顛峰，以及五十二歲以後寫《懺悔錄》、研究福音書，並重新在信仰中找到新的生命。第一個階段的托爾斯泰在虔誠的俄羅斯東正教氛圍下長大，純真而充滿靈感與熱情；十四歲到三十四歲之間他充滿懷疑與不確定性，一方面信仰盧騷的自然主義與自我實現，另一方面卻縱欲敗德，無所不為；三十四歲到五十二歲之間他逐漸相信對大自然的情感是可貴的，另一方面卻還沒有辦法徹底擺脫對於道德、善惡與人生最終意義的不確定感，因而在五十歲左右時再度面臨虛無感和自殺的誘惑，直到兩年後才從他對大自然的信靠以及農奴的樸實信仰中再度建立起自己的人生信仰。從此以後，他一方面認真閱讀新約聖經，一方面駁斥東正教的教義與舊約的信仰，一步步地以自己的生命經驗重新建立屬於他所印證過的宗教與人生信念，並且在安貧與守貞上力求有如聖徒般的潔淨，直到八十二歲過世時。

把托爾斯泰的人生和孔子的話相互印證，讓我看見這樣的一種人生節奏：三十歲時決定要靠自己的經驗去徹底釐清生命的事實，而不再自欺欺人地活在虛構的浪漫幻覺中；四十歲才重新建立起一個可以立足的信念，相信人生不會毫無價值，因而不再惶恐與迷惑，但卻還不足以釐清理想與空想的分際；五十歲終於比較清楚人的可能性（天命），以及理想與空想的分際，因而比較知道要如何對待自己的理想與現實，但卻還不清楚該如何看待自己跟別人在際遇與稟賦上的差異；六十歲才比較瞭解各種人如何因其稟賦與際遇的差異而各有發展，因而較能理解各種人言行背後的的心思（耳順）；直到七十歲才真正有能力看見人性跟各種際遇間的交互關係，知道自己跟別人的差異與共同基礎，因而在跟別人互動時能恰當地拿捏分寸，而適切地鼓舞人、啟發人，既不至於苛責，也不至於濫情與縱容（隨心所欲而不逾矩）。

從歷史走出虛無

很多人對我的寬廣涉獵表示好奇或不解：真有必要從繪畫、音樂、文學到哲學樣樣去學嗎？學得愈多不是愈容易分心而無法專精嗎？

年輕時我之所以會研究國畫與西畫，不是為了畫畫，而是想要從繪畫所呈現的情感世界裡去知道以前的人到底怎麼活。雖然年輕時的靈感絕大部分來自於先秦哲學與佛經，但是年近三十的時候卻很清楚地看見自己仰慕過的大師原來有太多一廂情願而悖逆人性事實的論述，因而再也無法相信文字語言的論述。

我自己長年從事書法的學習，深知國畫的筆法和人的情感間有緊密的關連，因此從國畫開始探究中國古文人真正可以迄及的情感境界，並且藉此確信中國傳統的文人情感並非盡屬自欺欺人。接著，透過對西方繪畫史的研究，而初步瞭解到人的虛無、懷疑，以及這些畫家重建人生信念的過程，與最後對人生的感動。在這過程中，小說與音樂也參與著協助我去理解人生各種可能的懷疑與感動。

透過這個過程，我才領悟到：原來歷史就是人性所有可能性的展演舞臺，不同的人有著各種不同的稟賦和際遇，他們各依其性地在歷史的不同階段為我們展演生命的各種可能性與丰采。讀歷史的時候，我也在分享著這些生命的動人故事，看見他們生命的顛峰，確信人性可能與不可能的邊界，從而為自己找到未來值得努力的方向與軌道。

人文素養的本意不是為了炫耀，也不是為了抬高身價，而是讓我們藉此脫離文字的浮誇與自欺，也脫離現實的拘束與囿限，而活在真實而寬廣的人性世界裡，在那裡頭找到自己人生的信念，也分享前人生命中最輝煌燦爛的顛峰時刻。

Unit 23 平凡人都可有不凡的價值

人活著，有得已的時候，也有不得已的時候。得已的時候我們追求一切最美好、最深刻、最有價值的人生經驗；但是，不得已的時候，人生能否還不失去它該有的意義與價值？貝多芬仰賴他的耳朵來創作音樂，這是他生命意義的核心；一旦失去他的聽覺，生命到底還剩下什麼？沒有人願意自己的孩子是唐氏兒或發育遲緩，但是如果有了這樣的孩子，難道他的一生就再也不能有常人所追求的價值與尊嚴？更廣泛地說，一個資質平庸、無才無德的人，難道不可能只靠著自己的誠懇與用心，而建立起自己的價值與尊嚴？陳樹菊注定是一個國小畢業的菜販，卻感動了所有的臺灣人，這裡頭是不是含藏著平凡人不平凡的意義與價值？

中原文化樹立了常人難以企及的聖賢典範，而歐美文化所歌頌的菁英則有著常人難及的稟賦與才華。長期在這些文化的薰陶下，我們雖然看見許多動人的生命丰采，以及值得欣羨、嚮往的人生楷模。但是，假如每一個人的生命都必須像聖賢與菁英那樣，才能彰顯出生命的價值與尊嚴，其他人的生命將卑賤、黯然而毫無價值。

對於那些傾盡自己一生所有，枯槁自身去成全家人的苦命人而言，這樣的文化毋寧是在蹂躪、踐踏他們真誠的生命。

人的德行不僅僅只跟用不用心有關，也和他的人生智慧與稟賦有關；而一個人的才華更是出於天生與偶然，跟個人的努力、用心無關，實在不該拿這些才華與成就來衡量一個人的價值與尊嚴。尤其出身貧苦的人，為了生活而付出一切，再聰明也不見得有機會表現出他的才華；至於資質平庸的人，難道他從出生的那一天起就該被當作毫無價值與尊嚴的人？

但是，鍾理和、鍾平妹和鍾鐵民的文學與為人，卻讓我們看見：一無所有者也有他的人性尊嚴與價值。他們一家三口一起向我們訴說：生命的價值不在於才華與成就，只要深情而盡心地對待自己、家人和鄉親，每一個人都可以迸放出令人動容的光輝與尊嚴。感動我們的不是他們三人的不凡，而是每一個臺灣人都可以企及的平凡，和那不凡的用心與深情。

雖然早期臺灣的悲情故事已經隨著經濟發展而逐漸被忘懷，但是那種屬於所有平凡人的不平凡卻值得我們代代口耳相傳，讓每個人都看得到自己生命裡的價值與希望。

盡心盡己，生死有命

鍾鐵民先生從小因為肺結核病菌侵入脊椎而使脊椎變形，因為背部駝起而在走路時要靠雙手協助來維持平衡。不僅如此，因為脊椎變形壓迫胸腔，使他一生不得不進行兩次生死交關的手術。

上次見到鐵民先生是六月底，他剛開過生平第二次脊椎手術，朋友在載我往鍾家的路上說：鐵民老師剛開過刀，用鈦合金支架把胸腔支開，但是還很難適應手術後新的身體和生活，所以恐怕很難久坐。等我到達，他卻一如既往地開朗而有談興，一點都看不出有任何不適或不便。不到兩個月，傳出他不幸過世的消息，我才知道第二次的手術真的像朋友所傳述的那麼艱險和辛苦。

我不禁自問：鐵民先生面對生死的坦然，以及承受身體痛苦的能耐，究竟從何而來？那到底是怎樣的生命智慧？後來才從他的文章看見一點端倪。

一九六五年，鐵民先生克服萬難在師大註冊上學，卻在次年再度發病。臺大跟中心診所的醫生都認為不動手術就毫無機會，卻因家貧而只好再度放棄醫療。「那時是真的絕望了。這是我生命最黯淡的時期，因為已把一切希望都拋棄了。那時我休學回南部，心想我從此不可能再從這裡走出去了，一切都沒了。」

後來經各方人士熱心奔走，才終於忐忑不安地赴高雄醫學院進行第一次脊椎手術：

而今天，我竟還有以手術來一賭命運的機會，該是很意外的，我原不敢存有這種希望。但是，這希望又是如何可哀的哪！我必須要以自己的生死為賭注來獲得它。不管成功和失敗，我都該樂意接受。失敗的結果是死或癱瘓，死不足為懼，一了百了，最少，對得起自己也對得起所愛的人，我已經掙扎過。癱瘓呢？那比終年得躺著，什麼也不能做的境況也並不壞多少。但是，如我得到成功，我卻可以得回我即將失去的全部生活了。身邊事物都已檢點清理完，與人的關係也想好理清了，日記昨天停記，連信札和一切零碎記載全已交給了秀貞；金錢衣物則委託與達；能交代的交代，不留半點牽連。

（〈門外豔陽〉）

沒有與天抗爭的誇大悲情，沒有虛矯的難捨難分，只是樸實坦蕩地面對自己的命運。稟賦過人的智者，也罕有這樣的鎮靜。其實，這不是天賦異稟下參透的智慧，而是悲苦人被命運逼迫出來的盡己與認命。

六歲時父親鍾理和就因肺病而離家到松山住院，鐵民先生七歲起就要負責煮三餐；父親還沒出院他就因脊椎結核症而身軀整個變形。鍾理和在醫院裡掛念著：「忽然又想到了鐵兒。我明天就要開刀了，生死未定，而到最後一刻仍還不知鐵兒狀況如何。」這一家人一生都在生離死別的邊緣，二十歲時鐵民先生脊椎結核症復發，父親也咳血過世。父子兩代難纏的病，以及一家人難捨難分的親情，讓他們每天都必須坦然面對隨時可能降臨的死亡，也讓他們珍惜活著的每一天。

其實，從「奔逃」的那一刻起，他們一家就已經學會「盡己」，然後把剩下的交給命運。

我們的安排有很大的假設；開頭就是一個「假使」，通過了，接著就是第二個，第三個；於是一直到達終點——我的懷抱。……祇要中間任何一個「假使」發生障礙，馬上機器停止，鍵環斷落，故事也就結束了。」（鍾理和，〈奔逃〉）

而鍾平妹則讓鐵民先生學會咬牙度過一切苦難的那種堅毅、坦然和平靜。鍾理和去松山療養前滿是對家人的憂慮與不捨，他問平妹，在眾人的排擠、譏笑與鄙夷中，

「妳能住下去？」「能！」「妳哭過呢？」「哭過！那是因為有你在著，心裡有委屈，哭哭，有人心疼。你儘管放心走；我能哭，也能不哭！你不在家，我守著兩個孩子過日子——宏兒也會跟我笑了。」「妳不怕日子會更難過？」「我知道！我能忍耐！祇要你病好，我吃點苦，值得！」「我這一去，最快也得一年才能回來呢？」「都不要緊；我等著你！我說過了：我能忍耐！反正他們不能把我宰了。他們理我，陪他們說幾句；不理我，我逗宏兒笑！祇要你病好回家，我們母子還是一樣快快樂樂的，要不……那你早點兒走吧，只管放心，我會過得很好的！」（鍾理和，〈同姓之婚〉）

鐵民先生的智慧，來自於家教和父母的智慧，來自於世代相襲的艱苦磨難。這樣的智慧，原本是臺灣人百年來在艱苦的磨難中世代相襲的，如今卻因為經濟的發達與生活的富裕，而逐漸失傳。

一無所有者的尊嚴與價值

在鍾理和短篇小說〈貧賤夫妻〉裡的平妹，最美的是那雙創傷密布、長滿厚繭的手。她種田、做工還趕回家做飯，始終帶著笑容。她在林警的追逐下揹木頭，在山澗裡摔傷、瘀血也不曾皺過眉頭。鍾理和心甘情願地擱下讀書人的尊嚴和傲氣，在家料理三餐、家務和做女紅；為了不讓平妹上山揹木頭，他寧願飯吃稀一點，每日犧牲一部分文學創作的時間在電影院裡寫廣告。

在艱苦與貧賤中，唯有枯槁自己才能勉強維護家人，但是這種奮不顧己的用心與深情，卻造就了鍾理和文學中最感人的勝情。就像〈菸樓〉裡的蕭連發，當父親不顧母親的病體而拖著她去做工時，他覺得父親「殘忍無人性」。但是，面對著砌菸樓和為弟弟訂親的雙重經濟壓力，他卻說：「從前父親拿了繩子拴在母親腰間拉出去做工，現在就讓我拴住自己的腰來拉吧，父親是倔強的，我也不能低下頭來。」當鍾理和在寫〈閣樓之冬〉時，心裡想的或許就是：到底是要醫治好，以便照顧一家人；還是不要再醫治，以便留給家人一點生存的依據？

鐵民先生瞞著母親去開刀，卻突然看見母親掀開布幔要進手術室來。做母親的痛心地哭著：「媽媽的錯啊！媽媽害了你！……兒。」受盡病魔折騰的兒子卻這樣回應：

我再忍不住失聲痛哭起來。啊！媽媽！媽媽！我才對不住您！命運對她是多麼不公平啊！先是丈夫，再是愛子。想盡辦法讓我來就醫，湊盡擠得出的每一分錢。真要不幸，母親！誰再作她精神上的支柱！她痛悔當年疏忽了我的病，沒有及早替我料理。但是當年丈夫在病院中掙扎，幾年來生活的擔子壓得她無法喘氣，一個人的精力有限，生活、丈夫已佔滿了她的心，我從沒有想過責怪母親沒有認真替我治病。我只恨自己從來就只有替她添麻煩。（〈門外豔陽〉）

傾盡自己一切所有只為親人，對於命運的悲苦折騰卻不曾有過一句怨言。這種氣度，卑而不賤，低而不俗，沒有任何的華美、高貴、莊嚴、神聖，卻可以讓每一個臺灣人懷著這情操去肯定自己的生命價值與尊嚴，而絕對不需要在中西主流文化之前自慼卑屈。

在侯孝賢電影《戀戀風塵》的最後一幕裡，飾演阿公的李天祿站在土丘上咒罵老天爺蹂躪他的番薯。他的那一聲「幹！」道盡臺灣人數代以來處在社會底層的悲情。但是番薯藤的意象從此在我腦海裡成為臺灣人的圖騰：假如中原和西方的核心價值有如攀向天際的華美大樹，臺灣人的生命價值就像番薯藤，她所要成就的都在看不見的土壤裡，不管命運如何凌虐作賤，苦難一過她就會再度竄出地面，遍地滋蔓綠葉。

中原和西方的核心價值都是有尊就有卑，有揚舉就有貶抑。但是一同活在苦難與卑賤的命運裡，卻讓鍾家兩代活出全然不同的人生價值：不需要出人頭地，更不需要把別人踩下去；只要盡心對待自己和家人，人人都可以活出無法被貶抑的尊嚴與價值。

成功的人生有無數種可能

臺灣的社會富裕了，但是仍舊有無法獲得教育資源的偏遠鄉下，仍舊有老天爺不曾賜予才華的平凡男女。這些人活著不但有機會建立起自己的尊嚴與價值，甚至還因為社會的發達而使許多原本平凡的人可以有不平凡的表現。

吳寶春是屏東內埔鄉龍泉村的鄉下孩子，家是竹編糊泥巴的，茅草屋頂一下雨就會漏水。他十二歲時父親過世，寡母隻身扶養八個孩子，到處打零工。因此，他十七歲就到臺北當學徒，身上只有五十塊錢，和一小包換洗衣服。出師後曾經當過三個麵包店的大師傅，卻碰到不景氣而經營不下去，只好去向堂本麵包店主廚陳撫洸重新學做麵包。為瞭解發酵的原理，不愛念書的吳寶春跑去學日文，然後再去買日文本的微生物學和發酵原理來自己閱讀。他認識微生物後實驗用裸麥培養老麵，一再失敗，三年後才成功。那一桶老麵成為他在亞洲盃與世界盃中的利器，使他連續獲得二〇〇八年的世界亞軍和二〇一〇年世界冠軍。世界比賽要在八小時內做出十一種麵包，共二百五十一個。他像運動員一樣每天一直練，晚上六點下班後一人在廚房裡練到凌晨三點。「有時，真的很苦，但想到媽媽，我就不會覺得累。」

五十六年次的張世仁創辦了「日船章魚小丸子」，目前全球分店近四百家。後來他又在臺中開創百元牛排店「赤鬼」，年營收破億。他自稱念書時成績比人家差，退伍後只能當沒有專長的業務員。當業務員業績又比別人差，只好創業，專門做沒有人跟他競爭的行業。但是仔細分析他成功的關鍵，一方面是他很清楚客戶群會在什麼地點出現，另一方面是他擅長控制品質與降低成本，而且有鍥而不捨地研發的毅力。他曾經為了研發出適合臺灣人口味的調味醬，而在沒有任何知識背景的支持下，自己去嘗試上百種調味料的組合，因而食物中毒。這些能力沒有一樣跟學測或會考有關，也沒有一樣是在傳統學科的筆試測驗裡看得出來的。

傳統的正派企業家都是洞燭機先或精明幹練的強人，在某些方面有獨到之處，因而讓許多人相信：過人的才能乃是成功的必要條件。但是，「薰衣草森林」的創辦人卻顛覆了這個形象。詹慧君和林庭妃的許多特質都酷似鄰家女孩，她們在山上開咖啡廳的創舉原本是未經審慎考慮的夢想，欠缺成功的客觀條件。不料因為偶像劇《薰衣草》的助緣而一戰成名，並且在九年內發展成五個獨立品牌和十家連鎖店，聘僱百名員工，年營業額達到三．五億。仔細分析她們創業成功的要素，最重要的可能是提供了平凡男女圓夢的機會；其次是她們願意在事業初成的時候，馬上到逢甲大學念碩士，進一步學習發展事業所需要的知識和能力。

臺灣社會的富裕程度已經使絕大多數的平凡男女都有可觀的消費能力，卻沒有人想到要在現實世界裡為她們提供一個圓夢的機會。詹慧君和林庭妃因為堅持看似平凡而又渺不可及的夢想，反而抓住了這一批廣大消費者的心。她們的故事讓我相信：只要夠堅持、夠努力，平凡男女也有機會抓住平凡人的心，而成就不平凡的創業故事。

但是，成功不是因為偶然，而是因為堅持不懈的努力。

結語

臺灣人很喜歡跟別人比輸贏，卻看不見人生還有比輸贏更重要的事。有人把人生看成一次又一次的短跑，生怕輸在起跑點上；自以為聰明的人把人生看成馬拉松，卻沒看到：在終點上所有的人都殊途同歸地進了墳場，差別只在於留下的財產有些人較多，有些人較少。

其實人生不是競賽，不需要跟別人比輸贏。人活著，只要能盡心對待自己和別人，就足以展現出動人的意義和價值。但是計較輸贏的人卻只看得到表面上的成敗，因而失去作為一個人最根本的價值。

人一生的成就有些靠天分，有些靠運氣，有些靠努力，而人所能掌握的僅僅只是自己的那一份深情與用心。但是，這一份深情與用心才是身為人類最重要的價值。至於成就，我們只能盡心而知命，毋須過份在意，更不需要急著在年輕的時候急著判斷自己的天分與價值。

吳念真曾說：「好像我們看到所有成功的人士，都會立下志願，但是我沒有。」家境不好而在初中輟學的他，對人生原本沒有太多選擇。他當過店員、送貨員、藥劑生、圖書館管理員，在夜間部念完高中和大學。會開始寫小說，原本只是氣憤自己的老闆，而把一段親身的經歷寫成故事。稿件被刊載出來後，沒想到稿費竟然是當時薪水的兩倍，就只好為了錢和虛榮心而寫下去。他有很多頭銜：作家、編劇、導演、演員及主持人，但這些能力一半是天分，一半是被生活逼迫出來的。所以他說：「這一切都不在計畫之中，只是自然而然走到這裡。」

人的潛在能力往往超乎自己年輕時所能想像，也遠超乎外人所能預料的。我曾研究西畫十幾年而了無心得，因而認真地懷疑自己沒有看畫的細胞，沒想到後來卻拿到美術圈兩個重要的藝術評論獎。我也曾每天聆聽貝多芬的弦樂四重奏，每晚至少兩小時，持續了十幾年而一無所獲；最後卻還是豁然開朗，能夠清楚感受到音樂的情感。

一個大四的學生問我，他的能力是否適合往社會學的學術領域發展。我很誠實地回答：「不知道，至少要等你三十歲以後我才有機會知道，也許還得要等到你四十歲以後才知道。」

其實知不知道並不重要，人生最重要的是盡心地做人，盡興地活。至於成就，成也在天，不成也在天，就毋須為此掛慮了。

人活著，有得已的時候，也有不得已的時候。

得已的時候我們追求一切最美好、最深刻、最有價值的人生經驗；

但是，不得已的時候，人生能否還不失去它該有的意義與價值？

彭明輝作品集
生命是長期而持續的累積：
彭明輝談困境與抉擇（暢銷十週年・特別增訂版）

2021年10月二版 定價：新臺幣420元
有著作權・翻印必究
Printed in Taiwan.

著者	彭明輝
叢書主編	林芳瑜
校對	倪汝枋
內文排版	立全電腦
封面設計	倪旻鋒
副總編輯	陳逸華
總編輯	涂豐恩
總經理	陳芝宇
社長	羅國俊
發行人	林載爵

出版者	聯經出版事業股份有限公司
地址	新北市汐止區大同路一段369號1樓
叢書主編電話	(02)86925588轉5318
台北聯經書房	台北市新生南路三段94號
電話	(02)23620308
台中分公司	台中市北區崇德路一段198號
暨門市電話	(04)22312023
台中電子信箱	e-mail：linking2@ms42.hinet.net
郵政劃撥	帳戶第0100559-3號
郵撥電話	(02)23620308
印刷者	文聯彩色製版有限公司
總經銷	聯合發行股份有限公司
發行所	新北市新店區寶橋路235巷6弄6號2樓
電話	(02)29178022

行政院新聞局出版事業登記證局版臺業字第0130號

本書如有缺頁，破損，倒裝請寄回台北聯經書房更換。 ISBN 978-957-08-6032-0 (平裝)
聯經網址：www.linkingbooks.com.tw
電子信箱：linking@udngroup.com

國家圖書館出版品預行編目資料

生命是長期而持續的累積：彭明輝談困境與抉擇（暢銷十週年・特別增訂版）/彭明輝著．二版．新北市．聯經．2021年10月．312面．15.5×22公分（彭明輝作品集）
ISBN 978-957-08-6032-0（平裝）

1.人生哲學 2.人文素養

191.9 110015728